JN014474

中学英語

デジタル教科書 活用授業

瀧沢広人・川島満義・岩井敏行

学陽書房

はじめに――デジタル教科書を使うにあたって

皆さん、こんにちは。岐阜大学の瀧沢広人（たきざわひろと）です。

今現在、皆さんはどのような課題・テーマを持って、授業に臨まれていますでしょうか。私は現在の勤めは大学ですが、以前は埼玉県の小・中学校に勤務していました。

もし私がそのまま小・中学校に勤めていたら、今頃はきっとデジタル教科書を使った授業に取り組み、早いところ活用機能をマスターしようと日々、目的的に授業をしていたかと思います。

と言いますのは、デジタル教科書を含め、ICT機器はあくまでも、学習・指導のための"手段"であり、目的ではありません。目的は、生徒に英語を用いてのコミュニケーション能力を育てることにあります。

そのような手段の習得は、長いこと時間をかけるのではなく、ある程度、短い期間で集中的に習得してしまいたいものです。そして、本来の英語指導に時間を費やしたいものです。

そのためには、ある一定期間は無理してでも、デジタル教科書を授業で使ってみて、使い方に慣れていく必要があると思います。ICT機器の操作に慣れ、迷わず、スムーズに授業で展開できるようにするためには、やはり、使ってみないとわからないものです。

さて、「学習者用デジタル教科書の効果・影響等に関する実証研究事業」等を経て、令和4（2022）年8月25日、文部科学省は「個別最適な学びと協働的な学びの一体的な充実に向けた教科書・教材・ソフトウェアの在り方について（案）」の中間報告をしました。

そこには、2024年度より、「学習者用」のデジタル教科書が、小学校5年生から中学校3年生を対象に「英語」で導入し、その次に現場ニーズの高い「算数・数学」で導入する方向であることが示されました。

しかし、学校教育においては、学習者用デジタル教科書の活用の前にやらなくてはいけないことが、順番として残っています。

それは、「指導者用」のデジタル教科書の活用です。

従来、英語の授業といえば、単語学習に用いる「フラッシュカード」や、

教科書本文の学習に必要な「ピクチャーカード」、単語や本文の音声を聞かせるための「CD」は定番の教材でした。

　しかし現在、それらはデジタル化され、指導者用のデジタル教科書に全て入っています。従来のCDにはなかった、ゆっくり再生から倍速再生まで、音声の速度も変えられるようになりました。

　ゆっくり聞かせ、ディクテーションさせたり、穴埋めをさせたり、音声を聞いてメモを取らせたり、活用法はさまざまです。

　今まで私たちが授業でやってきたことを、今度は、デジタル教科書で行えばいいだけです。

　また、逆に、今まではできなかったけれど、デジタル教科書ならできるということもあるかと思います。絵や動画、アニメーションを、音声を消して見せ、そして、What are they talking about?と、本文の内容を推測させてから、実際に聞かせたり、絵や写真を拡大して見せたりすることで、授業方法の幅が広がります。

　いずれにせよ、授業は楽しく！　です。デジタル教科書の使い手（使っておしまい）にならないよう、目的だけは忘れないようにしたいです。

　そこで今回、筆者らは、指導者用デジタル教科書でどのように英語授業で活用できるかを提案し、さらに汎用性をもたせるために、活用のための「スキル」を提示することとしました。

　そのことで、指導者用デジタル教科書をあまり使用しなかった先生方や、今まで使用してきても十分に機能を理解していなかった先生方が、スキルを意識し、それらを応用させ、自信をもって指導にあたれることを望みます。

　本書がデジタル教科書の基本書としての役割を果たせれば幸いです。

令和5年7月

岐阜大学教育学部　瀧沢　広人

目 次　『中学英語　デジタル教科書　活用授業』

序　章　デジタル教科書はこんなに便利ですごい！

第1章　授業準備が不要になる！デジタル教科書の基本スキル8

第2章 デジタル教科書でできる単語指導

第3章 デジタル教科書で取り組むリスニング＆リーディング

第6章 デジタル教科書でできる スピーキング&ライティング指導

序 章

デジタル教科書は
こんなに便利ですごい！

1 デジタル教科書使用が授業のスタンダードに！

☑ デジタル教科書は使い方に慣れれば簡単！

　デジタル教科書を使用することは、当然ながら手段であり、目的ではありません。例えば、生徒に、教科書本文の音声を聞かせたいと思えば、その場で操作し、聞かせることができます。

　新出単語がまだ上手に言えていなければ、繰り返し練習させ、時には、ランダムに単語を提示したり、日本語を見せて英語で言わせたり、状況に応じて、使い分けて使用することができます。

　要は手段ですので、使い方に慣れてしまえば、ほとんどタイムラグなしで、使用が可能です。

　令和元（2019）年12月19日、萩生田光一氏（元文部科学大臣）からメッセージがありました。

- □　Society 5.0 時代に生きる子供たちにとって、PC 端末は鉛筆やノートと並ぶ**マストアイテム**です。

- □　１人１台端末環境は、もはや**令和の時代における学校の「スタンダード」**であり、**特別なことではありません**。

　児童生徒にとって、端末による学習がこれからのスタンダードになると同時に、教師にとっても、**デジタル教科書を用いて授業をすることが、スタンダードな授業**となっていくのでしょう。教師にとっても、デジタル教科書は、マストアイテムとなっていくのでしょう。

☑ 「指導者用デジタル教科書」の活用力を身に付けよう！

　令和6（2024）年には「学習者用」デジタル教科書が英語で先行導入されます。また、文科省の実証事業により既に使用している先生方もいらっしゃることでしょう。

　「学習者用」デジタル教科書が本格的に導入される前に、今、私たちが、「指導者用」デジタル教科書を使いこなしていかなくては、すぐに次の波（＝どうやって学習者用デジタル教科書を使うか）がやってきます。

　そのときに、慌てないためにも、今こそ、「指導者用」デジタル教科書を使いきる自信と活用力を身に付けておくべきだと考えます。

　では、私たち教師は何をしたらいいのでしょうか。答えは簡単です。授業で実際にデジタル教科書を多用してみることです。多用するのです。

　すると、どんな機能があるか、教師が熟知します。熟知すると、どんどん使い方のアイデアが湧いてきます。スムーズな操作もできるようになっていきます。まずは、「指導者用」デジタル教科書を使いこなせる教師力が必要なのではないかと考えます　　　　　　　　　　　　　　　　（瀧沢）

（参考）　萩生田光一（2019）「子供たち一人ひとりに個別最適化され、創造性を育む教育ICT環境の実現に向けて　〜令和時代のスタンダードとしての1人1台端末環境〜≪文部科学大臣メッセージ≫」https://www.mext.go.jp/content/20191225-mxt_syoto01_000003278_03.pdf

デジタル教科書の使用は、授業のスタンダードに！

2 デジタル教科書には どんな利便性がある?

☑ 主要な教材・教具がデジタル教科書に入っている!

　デジタル教科書には、どんな利便性があるのでしょうか。まず、主要な教材・教具が全て入っていることが挙げられます。

　教科書の本文を導入する際には、どうしても、音声から入る必要があります。英語を聞かせ、話の内容の「情報」や「概要」「要点」を聞き取らせます。これは、リスニングの力も高めることになります。

　また、話が展開されている「場面・状況」を確認するのに、ピクチャーカードも必要です。デジタル教科書では、ピクチャーカードの下に「字幕」を付ける機能がありますので、それを用いて、音読をすることもできます。また日本語字幕にすれば、日本語を見させ、英語で言わせることもできます。

　単語練習では、フラッシュカードが欠かせません。何度も発音させたり、まだ読みが足りない単語だけを残したりして、練習させることもできます。

　以前は、ピクチャーカードやフラッシュカードを専用の箱から取り出し、教室に運んでいって、授業をしていました。そして使い終わると、箱に戻し、次年度のために番号順に並べ替えていました。

　また、音声教材は、CDとCDプレーヤーを教室に運んでいました。

　ピクチャーカードとフラッシュカード、音声CDは、英語教師にとっての三種の神器だったのです。

　しかし、**教師がこれらを準備しなくても、デジタル教科書には入っているのです。**

☑ 紙面の「拡大」や、「文字」が書ける！

デジタル教科書には、教科書の紙面がそのまま入っています。そして、見せたい部分を拡大して、見せることができます。どうしても授業中、教科書の本文等で、説明したくなるところがあります。

例えば、本文の重要な文に下線を引き、文構造を確認するとき、従来は教師が英文を板書し、そこに黄色や赤のチョークで、解説を加えていました。しかし、デジタル教科書では、画面で示し、すぐに解説ができます。

また、画面には文字や下線も引けるので、板書の間や時間を省くことができます。

☑ 「動画」を見せられる！

デジタル教科書には、動画も入っています。題材に関する動画や、外国の異文化を紹介する動画など、以前は、動画を見る際には、当然、テレビとビデオ機器がなくてはなりませんでした。

今では、パソコンがありますので、パソコンとテレビをつなげば、DVDなどは見られるかと思いますが、当時は、テレビとビデオ機器をコロコロ転がして、教室まで運んでいったものです。

☑ 答えを「提示」できる！

練習問題で、絵と絵を線で結んだり、英文を書いたりする問題などでは、答え合わせするときに、言葉で説明したり、黒板に書いたりしていましたが、デジタル教科書には、Answerボタンがあり、答えを瞬時に表示することができます。非常に便利です。 (瀧沢)

3 デジタル教科書の効果&良さとは?

☑ 生徒の顔が上がる!

　デジタル教科書は大きな画面に情報を提示するので、おのずと生徒の顔が上がります。顔が上がると、教師からは表情や口の動きがよく見えます。一生懸命取り組んでいる生徒を見つけやすくなります。

　反対に、顔が上がらない生徒も見つけやすくなり、適切な支援や指導をすることができるでしょう。

　顔が上がると、同時に姿勢も整いやすくなります。背筋が伸びれば、声を出しやすくなります。生徒が注目すべき画面が前にあることで、視線も声も集まります。

　デジタル教科書の機能を生かし、テンポ良く活動を行っていけば、活気に満ちた教室になります。字幕機能を活用した同時読み（オーバーラッピング、カラオケ音読）などは、画面を見ないとできないので、生徒たちは画面を見ないわけにはいきません。

生徒の顔が上がる!

☑ 大切なところをパパッと提示できる!

重要ポイントの解説中、中途半端なところでチャイムが鳴ってしまうことがあります(タイムマネジメントを反省……)。そんなときも、デジタル教科書があれば、簡単に対応できます。重要な文法事項の解説ページを再び提示すれば、前回の授業の続きからスタートすることができます。板書の場合とは比べものにならないほどすぐに再現できます。

教科書を開いた後に、いよいよ活動がスタートします。音声を聞きながら、英文を指でなぞらせる活動。音声を聞いた後、英文リピート。意味のまとまり(チャンク)ごとにスラッシュを書き込ませる。アクセント記号を入れさせる。大切な解説にアンダーラインを引かせる……。

これらも教師がデジタル教科書を大きく示し、「教科書のここに書くのですよ」と実際にやって見せることで、ほとんど全ての生徒が指示通りに活動することができます。

☑ 「見せたいところだけ見せる」ことができる!

授業で扱う内容が増え、教科書にはたくさんの情報がぎっしり詰まっています。デジタル教科書を使えば、余計なところを隠したり、必要な部分を拡大したりと、「見せたいところだけ見せる」ことが可能です。

具体的に言えば、音読練習のときには、音読する部分だけを見せることができます。ターゲットセンテンスを練習するときには、そこだけを見せることができます。そこにアンダーラインを引いたり、書き込みをしたりすれば、多くの生徒が指示通りに作業を行うことが可能になります。

☑ 問題作成や答え合わせが簡単にできる!

覚えてほしいところは隠す。そして問う。

マスキング機能を使えば、まとめページが問題ページに変身します。答え合わせも簡単です。マスクをはがせばいいのです。問題の答えも解説も直接書き込みができるので、スムーズに進めることができます。　　(岩井)

効率的だからこそ
ICTを使う！

1 アナログ人間が、デジタルに挑戦！

　私自身、元々アナログ人間です。いまだに「紙」のほうが安心します。さまざまな資料も印刷して、すぐに取り出せるようにしています。なんとなく、デジタルは信用できない気持ちがあるのです。

　例えば、携帯でチケットを買った際、「もし、充電が切れたらどうしよう」「本当にチケットは購入できているのだろうか」「あれ？　チケットはどうやって提示するんだっけ？」と、そういうことばかりを想像してしまうのです。幾度となく要求されるIDやパスワードも、入力しても拒否され、無駄に時間を費やすこともあります。

　そんなアナログ人間も、数年前から、アナログで過ごすことに限界を感じ始めました。多少面倒でも、その場で時間を使って設定し、使いこなしていかなくてはいけないと思うようになりました。そういう時代なんだと思い始めたのです。

2 授業でICTを使う理由

　そんなアナログ人間の私でも、中学校教員の時は、早い段階から、パソコンやプロジェクター、電子黒板を使って授業をしていました。プロジェクターも電子黒板も自前です。使いたいときに、すぐに使えるようにするためには、自分で買い、手元に置いておくのが一番と考えたからです。

　では、アナログ人間の私が、なぜICT機器を用いて授業をしていたのかというと、ICTを用いると、授業がすごくやりやすいのです。ICTを用いると、資料提示も容易にできます。練習活動も、テンポよく進めることができます。活動に入る前の準備時間や、教師の説明時間も短縮されます。短縮された分、文法のドリル学習等の習熟や定着の時間に充てることができます。

　ICTを用いることに「意味」があったのです。

　このことは、指導者用デジタル教科書も同様です。指導者用デジタル教科書には、素材が入っています。教師が作らなくてよいのです。つまり、ソフトウエアはすでにでき上がっているのです。あとは、そのソフトウエアを「どう使うか」です。そして、足りない部分は、教師が補えばいいのです。　　　　　　　　　　　（瀧沢）

第**1**章

授業準備が不要になる！
デジタル教科書の
基本スキル8

1 音声の聞く・消すを使い分けると効果的！

☑ デジタル教科書の基本をマスターしよう！

音声を聞かせたり、消したりすることは、デジタル教科書の最も基本的な操作になります。スムーズに音声を聞かせたり、音声を消したりできるよう、事前に操作を確認しておきましょう。

音声を聞かせたり、消したりすることで、練習活動の幅が広がります。

☑ 「音声」を聞かせる

デジタル教科書で、音声を聞かせます。音声を聞かせる場面は、「本文」や「単語」、「ターゲットセンテンス」などがあります。

「本文」では、ピクチャーカードを提示しながら、音声を聞かせることができます。当然ながら、聞き取りのポイントを示した上で、聞かせるとよいでしょう。

また、**ピクチャーカードを見せずに、音声だけを聞かせ、どんなことが話されているのか推測させるのもよい**でしょう。そして、その後、ピクチャーカードを見せ、聞き取った内容と自分がイメージした内容とが一致するかという楽しみもあります。

「単語」では、どのような音なのかに注意して聞かせます。arriveとarrivedの単語が出てきたときには、それらの音の違いを十分に聞かせ、音の違いに気づかせます。そして、「では、音を真似て言ってみましょう」と、発音させます。

ついつい音を十分に聞かせることなしに、Repeat after me.と言って発音させたくなりますが、英語の音をしっかり理解することは大事です。

せっかくのデジタル教科書です。音を十分に聞き取らせ、音を理解させた上で、発音練習に移りたいものです。

☑ 「音声」を消す

　音声を聞かせることができれば、音声を消すこともできます。

　「単語」では、「karaoke」や「音声OFF」という機能があり、音声を消すことができます。ある程度、練習をした後、どのくらい単語が読めるようになったのかを確認する際、その機能を用いれば、生徒たちだけで言わせることが可能となります。

　また、音声を消した状態で、単語を見て、日本語で意味を言わせたりすることもできます。

　「本文」では、音声を消すことで、会話文での役割練習ができます。

　AとBの2人の対話では、Aの音声を消し、Aのセリフの部分を生徒が読んだり、A、B、Cといった3人の会話では、Aの役割を生徒が行い、BとCの音声が流れるようにしたりできます。

　また、デジタル教科書によっては、AもBもCも全て音声を消すことができます。英文は、画面上に表示され、読むスピードに合わせ、色で音読場所が示されるので、それに間に合うように生徒は音読します。この場合は、スピードは少し早めのほうがよさそうです。　　　　　　　（瀧沢）

音声ON　　　　　　　　音声OFF

音声のあり、なしの選択ができる！

2 音声設定を変えれば さまざまな指導が可能！

☑「スピード」が変えられる！

　デジタル教科書の特徴に、「**音声スピードを変えられる**」があります。これは、以前のカセットテープやCDではできないことでした。

　これを本文の内容理解や音読で活用しない手はありません。

　本文を導入する際、最初は普通のスピードで聞かせ、その後スピードを遅くし、ゆっくり聞かせると、それだけで英語が聞き取れる感じがします。

　ただ、留意しなくてはいけないのは、普通以上の速いスピードを選択した場合、あまりにも速すぎると、英語が不自然に聞こえてしまうことがあります。やはり生徒には自然な英語を聞かせたいので、事前のチェックが必要でしょう。

☑「連続再生」ができる！

　再生回数を選ぶことができるのも、デジタル教科書の魅力です。

　以前のCDではリピートの回数が固定されていましたが、デジタル教科書では、単語の発音練習や音読練習の際、リピートの回数を１〜３回の中から選ぶことができます。それにより、生徒の実態に応じた指導が可能になります。

　例えば、単語の発音練習の際、最初は３回ずつ繰り返させながら、丁寧に音を確認させ、音が確認できたら、徐々に、繰り返しの回数を減らし、発音練習をさせるよう設定することもできます。

　また、音読でも、「リピート」機能等を用い、本文の音声を通しで何回も聞かせることができます。これも、リスニングによる内容理解の際、「Let's listen and catch the story. You can listen three times. Write memos what they are talking.」のように指示を出し、音声を流せば、自動的に3回リピートされますので、教師は教卓から離れ、生徒の活動の様子を見に行くこともできます。

☑ 「再生間隔」が変えられる！

　音声を聞く間隔も設定できます。例えば、内容理解の際、文と文の間に、少し間をおいて聞かせるのです。ヒトは、まとまりのある語句を単位として、聞きながら意味を理解をしていきますが、同時に、文が終わった時に、話し手が何を言おうとしているのか頭の中で思考します。そこで、再生間隔を開けることで、1文を聞き終えた後、「どんなことを話しているのか」を整理する時間を確保することができます。

　さらに、音読する際も、**再生間隔を調整する**ことができますので、間隔を短くしながら、挑戦的に素早くリピートさせることもできます。

☑ 「ランダム再生」ができる！

　ランダム再生とは、特に単語練習で使われる機能です。最初は教科書に出てくる順番で単語を練習することになります。それだけでは生徒は飽きてしまうので、順番をばらばらにして、ランダムに単語を表示します。そして、どの単語がきても読めるように、変化をつけて行います。

　また、ランダムの状態で、音声を消せば、単語を見て、生徒がどのくらい読めるようになったのか確認することもできます。

　さらに、**練習させたい単語を「選択」**することもできます。

　生徒が読めるようになった単語は削除していき、練習させたい単語だけ残せば、読めない単語を減らしていくこともできます。

　なお、音読では、練習したい英文をクリックすると、その文だけ音声が聞けるようになる機能もあります。特に、練習させたい英文は、その方法を用いるとよいでしょう。

（瀧沢）

3 文字を隠すのは こんなとき！

☑「マスク」機能で、単語を隠す！

　デジタル教科書には、「マスク」という機能があります。これは、隠したい単語や語句を長方形の四角（マスク）で隠し、見えなくするというものです。デジタル教科書によっては、本文中から、新出語を隠したり、動詞だけを隠したり、ランダムに本文の半分（50％）を隠したりすることができます。

　また、**教師が隠したいところにマスクをかける**ことも、デジタル教科書によっては可能です。

　このように、教科書では、英文が全て生徒に見えていますが、デジタル教科書のマスク機能を用いると、さまざまな用途が見えてきます。

☑ 単語をマスキングして、音読活動！

　本文の単語いくつかにマスクをかけ、その単語を隠した状態で音読させます。生徒は、前後の語や内容から、マスクされた部分の単語を補いながら音読します。徐々にマスクする割合を増やしていきます。すると、暗唱に近づきます。いわゆる「穴埋め音読」です。

　マスク音読時には、単語がわからなければ、友達に尋ねることもあるかもしれません。でもそこで、生徒は学ぶのです。

　音読の力をつけるためには、読ませないと読めるようになりません。マスクをかけて、音読させることで、音読の回数を増やすことになります。

　Repeat after me.だけでは、生徒は飽きてしまいます。

　音読に変化をつけ、授業中最低でも10回は音読する時間をとりたいです。

☑ 文法をマスキングして、理解と活用を測る！

　学習中の文法事項に焦点を当て、本文中から、該当の文法事項にマスキングします。例えば、次のように、3人称単数の疑問文や答え方、動詞のsの形等に焦点を当て、マスクしたところに入る語を、生徒に尋ねます。

Ken　：　████ your sister live in Canada?
John：No, she ████. She ████ in Alaska, the U.S.
Ken　：What ████ she do?
John：She ████ wild animals.
Ken　：Wow, she is nice.

　このように、文法事項の知識と活用の定着の度合いを測るためにも、マスク機能は使えます。

☑ マスキングしてからのライティング！

　書くことでも使えます。**単語や語句にマスクをかけた状態で、ノートに写させる**だけでも、力の付く学習になります。答え合わせも簡単です。マスクをリセットすれば、いっぺんに本文が見えます。

　もしくは、生徒に答えさせてもいいでしょう。

　また、マスクした本文を印刷して生徒に配付し、ディクテーションに用いることも可能です。その場合、音声を流し、マスクがかかっている部分の単語を埋めていきます。

　前置詞だけをマスクしたり、動詞だけをマスクしたりなど、マスクをかけるのも、意図的に行います。全てマスキングさせ、埋められるところを埋めていくことも挑戦的な学習となります。マスクの裏に単語が隠れていますので、マスクの長さがヒントになり、おおよそ単語の想像がつくかもしれません。

（瀧沢）

拡大して 必要なところを見せる！

☑ 教科書を「拡大」して見せられる！

　デジタル教科書には、紙面の一部を拡大して見せられる機能がついています。他の不要な情報を見せることなく、見せたいポイントだけを見せることができます。タッチパネルのパソコンであれば、指で見せたい部分を瞬時に拡大して見せることができますが、そうでない場合は、デジタル教科書の拡大機能を使うとよいです。

　拡大したい箇所を四角などで選択すると、その部分だけが大きくなります。そして、拡大した部分の上下左右にある画面を見せたいときには、上下左右に動かして移動すれば、拡大されたままでその周りにある画像や英文を見せることができます。

☑「絵」を拡大させる！

　教科書のイラストなど見せたい箇所を拡大させ、本文を聞かせる前に、まず場面や状況を確認しておきます。

　　T　: Look at this room. What can you see?

　　Ss : I can see a desk.

　　T　: Yes. What else can you see in this picture?

　　S2 : I can see a guitar.

　　T　: Right. Can you play the guitar?

　　S2 : No. I cannot play the guitar.

　　T　: I see. By the way, whose room is this?

　　Ss : Natsumi's room.

T : Can Natsumi play the guitar?　Who can play the guitar?
　　Let's listen to the scene?

　このように、音声を聞かせる前に、絵を見ながら生徒と対話します。そして、場面や状況を確認するとともに、聞き取りのポイントを示し、音声を流します。本文を聞き終えたら、Whose room is this?　Who can play the guitar?　What musical instrument can Natsumi play?と投げかけ、本文の内容を理解しているか確かめた後、音読に入っていきます。

☑「英文」を拡大させる！

　本文中で、どうしても解説しておきたい箇所があります。そのような場合には、生徒が開いている教科書と同じ画面で、該当箇所を示します。そうすることで、どこの場所を示しているのかが生徒によく伝わるからです。
　例えば、英文を拡大して見せ、「ここにthe がありますね。ここにも the がありますね。どういうときにthe がつくんだろう？」と問いかけ、楽器の前につくことを確認したり、「ここのthat って、どういう意味？」などのように、部分解説を行ったりしたいときに、用いることができます。

☑「アクティビティ画面」を拡大させる！

　教科書には、新出文法の練習や言語活動を行うアクティビティがあります。そこには、活動例が英文で示されています。そのようなときに、該当部分を拡大して見せ、説明することができます。

T :「例にならって現在と過去で言ってみよう」とあるね。現在だと、Saki plays... と、play に s がついています。過去のことだと、played と ed がついていますね。こんなふうに、絵を見て、現在と過去の文を言っていきましょう。では、例題を見てごらん。現在だと？

Ss : Sachiko runs in the park every day.

T : 過去だと？　　　　　　　　　　　　　　　　　　　　（瀧沢）

5 動画やアニメーションで興味・関心を引き出す！

✓「動画」や「アニメーション」を活用する

　デジタル教科書には、英語が使われている場面を「動画」にしたものや、登場人物の口元が動いたり、話題になっている場面が大きく見えたりする「アニメーション」があります。動画やアニメーションは、動きがあるので、生徒の興味や関心を引き出し、また画面を集中して見させる効果があります。

✓「音声を消して」見せる

　動画やアニメーションを見せるとき、「音声あり」で見せてもいいのですが、**音声を消して見せる**のはどうでしょうか。動画やアニメーションの様子から、どんなことが話題になっているのか、どんな会話がなされているのかを推測しながら、生徒は見るでしょう。

　ときには、口元を想像して、「今、Here you are.って言っていた」なんて、気づく生徒もいるかもしれません。

　「音声なし」で見させた後、Where is this?、What are they talking about?と投げかけ、話の内容を推測させます。その後、再度、動画を無声で流しながら、途中で動画を止め、

　T ：What is he saying？

　Ss：Passport, please.って言っているのかも。

と、途中途中で止めながら推測したことを確認していきます。

　その後、「では、音声ありで見てみましょう」と言って、動画を視聴し、推測したことが当たっていたかどうか確認することができます。

☑ 「わかったことや思ったこと、考えたこと」を書かせる

　動画視聴にも、学習上の目的があります。ただ見せて終了では、生徒はどうしても受け身になってしまいます。生徒を主体的な学習者にするために、動画を視聴する前に、指示を出しておきます。

　　T ：これから動画を見ます。動画を見て、わかったことや思ったこと、
　　　　考えたことを箇条書きでノートに書きましょう。

　このような指示をして、動画を見させます。

☑ 「どんな英語が聞こえたか」と投げかける

　動画を視聴した後に、質問を投げかけます。What did you catch?と言って、英語で発表させます。すると、language、Britishのように、「単語」で言ってくる場合や、miss Japanese schoolのように、「語句」で言ってくる場合もあります。さらに、Students go to school by bus.と、「文」で言ってくることもあります。

　いったん発表させた後、Now, let's listen to it again. If you want to take memos, write on your notebook.と言って、ノートにメモを取らせ、後で発表させていく展開もあります。

☑ 視聴時間が長い動画は、「区切って」見させる

　動画によっては、3〜4分の長い動画があります。その場合、英語や動画の内容に興味のある生徒は集中して聞くことができますが、そうでない生徒は途中で飽きてしまったり、英語がわからずに、途中で聞くことをギブアップしてしまったりする生徒がでてきます。

　そこで、生徒の興味・関心が薄く、身近でない話題の場合は、**途中途中で区切りながら**、発問を投げかけ、生徒の注意を引きながら、授業を進めていくとよいでしょう。

（瀧沢）

クイズ形式で字幕を見せる！

☑ 「字幕」機能を活用する

　たいていのデジタル教科書には、教科書本文とピクチャーカードに、音声とともに「字幕」機能が付いています。字幕は、英語と日本語で表示され、もちろん、Off（字幕なし）も設定できます。また、本文音読の際、日本語で意味が出る機能も、デジタル教科書によっては備わっています。

　それらの字幕機能を授業で活用してみましょう。

☑ 途中で止め、字幕で意味を確認する

　内容確認の際、ピクチャーカードを音声付きで視聴させます。その際、途中で止めて、英語や日本語の字幕を表示し、聞かせます。

　T ：What did he say?

　Ss：Help your... なんとか。

　T ：One more time. Let's listen.

　（視聴し、その場面が来たところで止める）

　Ss: わかった！　Help yourself.

　T ：Let me check. （と言って、英語 をクリックする）

すると、Help yourself.と字幕で表示されます。

　T ：What's the meaning of "Help yourself."?

　Ss：なんだろう？

　T ：（ここで日本語 をクリックする）

すると、「自由にとって食べてください」と日本語字幕に変わります。字幕機能を用いて、本文内容や表現について理解させることができます。

☑ 英語の字幕を見ながら、音読する

　音読練習でも、字幕を有効活用することができます。**ピクチャーカードの画面で、英語字幕の状態**にします。そして、音声を消します。音声を消す機能がない場合は、コンピュータの音声をOffにします。

　適度なスピードで読まないと、どんどん字幕が先に進んでしまいます。

　Ｔ：いいペースで音読しましょう。Let's start.
　Ss：（画面を見ながら）Hello, I'm Taku. I belong to the …
　　　ああ、、、I'm Mikie. I am a brass band club. I play the sax.
　　　Great! …

　ピクチャーカードの音声ですので、ゆっくりバージョンから、早いバージョンへと挑戦させてもいいでしょう。

☑ 日本語の字幕を見て、英語で言っていく

　本文の内容理解やある程度の音読が終わった後、**ピクチャーカードの画面で、日本語字幕を表示**します。そして、生徒には、それを英語で言わせていきます。ピクチャーカードの音声スピードに合わせ、言っていかなくては、字幕がどんどん切り替わっていってしまいますので、難易度は上がりますが、挑戦させてもいいでしょう。

　また、学習者用デジタル教科書で、個人練習を行わせ、スムーズに言えるようになったら、教師のところに来させ、言わせてもいいでしょう。

　本文音読の際、左側に英文、右側に日本語が表示される機能がある場合、英語だけを表示させたり、日本語だけを表示させたりすることができます。これもある程度、本文に慣れたら、日本語だけを見させ、英語で言わせていったり、英語で書かせたりすると、よい学習になるでしょう。

（瀧沢）

指導する内容を あらかじめ保存する！

☑ 「保存」機能を利用し、学習履歴を読み込もう

　デジタル教科書には、**画面や操作を保存しておく機能**があります。デジタル教科書によって名称は異なりますが、「設定」から「学習履歴ダウンロード」をクリックして保存したり、そのものずばり「保存」から保存したりすることができます。

- ☑ 「設定」→「学習履歴ダウンロード」→名前を付けて保存
- ☑ 「保存」→名前を付けて保存

　保存したものを取り出すには、「学習履歴読み込み」や、「開く」から保存したファイルを取り出すことができます。

- ☑ 「学習履歴読み込み」→ファイルを選択
- ☑ 「開く」→ファイルを選択

　これにより、事前に画面上に、吹き出し等で解説を記しておいたり、マスクをかけて単語を埋めさせたりする練習問題を作成しておくことができ、必要に応じて、授業中に取り出すことができます。

☑ 「穴埋め音読」の際、事前にマスクをかけておく

　音読も変化をつけ、生徒の能力の少し上を目指して行いたいです。穴埋め音読をする際、授業中に、マスクをかけていくこともできますが、あらかじめ作成し、保存しておき、「穴あき音読　レベル1」というように、段階を踏んで徐々に暗唱にもっていったり、また、穴あき文章を見て、ノー

トに全文を書かせたりすることもできます。

☑ 「QA」や「TF」問題を作成し、授業で活用する

　本文を導入し、内容理解を行う際、あらかじめデジタル教科書の画面上に、吹き出しやテキストで、QA問題やTF問題を作成しておき、保存しておきます。そうすることで、授業では、内容理解の際、教師がプリントを作って配付することなく、瞬時に、生徒に問題を提示することができ、内容理解の活動をさせることができます。

☑ 「例示」し、活動のイメージをもたせる

　書くことの言語活動を行う際、例文を見せることで、どのように書いたらいいのかイメージをもたせやすくなる場合があります。

　例えば、教科書では、「Step 1　ペアに尋ね、わかったことを書きましょう」や「Step 2　正月に毎年やっていることを書きましょう」のような書かせる場面があります。その場で、書き方の例示を黒板に書いてもいいのですが、事前に授業をイメージし、例示を作成しておくと、提示に時間がかからないので、効果的です。

☑ 「吹き出し」を用い、本文解説を行う

　本文中には、新出の単語や語句、文法、表現、語法などが盛り込まれています。それらの重要な部分を生徒に気づかせ、理解させ、英語を話したり、書いたりするときに、それらの知識を活用していける力として育てていきたいです。

　その際、「線」や「吹き出し」を用い、本文中の重要語句などに注意を向けさせ、解説を行います。「線」や「吹き出し」については、次ページに解説しています。なお、「吹き出し」は、小さく折りたたむことができますので、必要なときに、クリックして大きく見せることができます。　　（瀧沢）

カスタマイズすれば、わかりやすさ UP！

☑ 紙面をカスタマイズする

デジタル教科書は、提示するだけでなく、次のような機能があり、画面を教師用にカスタマイズすることができます。

- ☑ 「文字」や「線」を書き込む
- ☑ 「吹き出し」を入れる
- ☑ 「めくりシート」や「図形」で隠す
- ☑ 「写真」や「イラスト」を挿入する

授業中に上記のような操作もできますが、**事前に作成しておき、画面を保存しておけば**、授業中にすぐに取り出すことができ、スムーズに提示して見せることができます。

☑ 「文字」や「線」を書き込んで注目を集める

画面に「文字」を挿入したり、「線」を引いたりすることができます。タッチパネルのパソコンでは、その場でパソコンの画面にタッチペンや指で「文字」を書くことができます。

また、本文中の大事な表現に注目させたいときに、「線」を引くこともできます。たいていは、線を引く機能がありますので、それを用いると、まっすぐな「線」を引くことができ、注意を向けさせることができます。

☑ 「吹き出し」を付け、折りたたんでおく

　あらかじめ画面上に吹き出しを付け、保存しておきます。保存しておいたものを取り出せば、その場で、生徒に提示することができます。

　「吹き出し」は折りたたんでおくことができますので、最初から見える状態にせず、必要に応じて、折りたたんでいた吹き出しをクリックすると、吹き出しが大きく提示され、何かの解説や生徒への質問を投げかけたりするときに、設定しておくと便利です。

☑ 「図形」や「めくりシート」で隠す

　画面上の一部を隠す場合、「図形」や「めくりシート」が使えます。例えば、対話文のセリフの一部を「図形」や「めくりシート」で隠し、前後のセリフから、そこに入る適切な疑問文を考えさせたり、タイトルを隠して英文を読ませ、この文章にどんなタイトルをつけるか考えさせたりすることに使えます。

　なお、「図形」は、そのまま図形をずらすと、下に隠れている画面が見えるようになりますし、「めくりシート」は、めくると少しずつ画面が見えるようになり、上下左右、どこからでもめくることができます。

☑ 「写真」や「イラスト」を挿入する

　画面に、「写真」や「イラスト」を挿入することができます。これも、事前に取り込み、保存しておくことで、授業で活用することができます。

　1枚の写真を英語で説明させたり、イラストに吹き出しを付け、セリフを考えさせたりすることができます。

　このほか、リンクさせる機能や、検索機能等、デジタル教科書には、さまざまな機能があるので、実際に操作し、慣れていくとよいでしょう。

（瀧沢）

デジタル教科書の利点は
準備が不要になること！

1 ICTを活用した合わせ技

　デジタル教科書を活用する一番の利点は何かというと、授業準備に時間がそれ
ほどかからない点ではないでしょうか。音声も英文も練習問題も必要と思われる
ものは全てデジタル教科書の機能として、標準で入っています。

　デジタル教科書だけでも多くのことが行えますが、他のアプリケーションと連
携させるとさらにデジタル教科書の活用が広がります。本書の中でもいくつか、
デジタル教科書と他のアプリケーションを組み合わせた活動を紹介していますの
で、ぜひ確認してみてください。

2 スクリーンショットを活用

　さて、それでは、デジタル教科書と組み合わせられるもっとも簡単なアプ
リケーションはなんでしょうか。私はタブレットや、パソコンに付属する「切
り抜き」の機能ではないかと考えています。Windows 系のタブレットでも
Chromebook でも標準でついています。スクリーンショットを撮る機能があれ
ば編集はいくらでもできます。

　切り取った素材は画像として扱われます。そのことでさらに活用の幅が広がり
ます。どういうことかというと、書き込みができるようになるからです。書き込
みができるようになると説明するときに実物（画像）を見せて行うことができま
す。

3 パワーポイントやロイロノート等との連携

　個人的にクリッピングした画像を活用するアプリケーションとしておすすめす
るのはパワーポイントです。切り取った画像を貼り付けるだけで、スライドがで
きあがります。ロイロノートを使用しているのであれば、切り取った画像をカー
ドにして活用することも考えられます。まずは、勤務校で使用しているものを活
用し、デジタル教科書の活用の幅を広げるとよいのではないでしょうか。（川島）

デジタル教科書でできる
単語指導

1 単語の音を よく聞かせる

☑ 単語指導は、何から入る？

　私たち教師が、新出単語を指導する際に、まず、最初にやることはなんでしょうか。いきなり単語を見せるでしょうか。それとも、日本語で意味を確認するでしょうか。以前の私は、フラッシュカードで単語を見せ、いきなり繰り返し発語させていました。

　T：Repeat after me. sunny.　　　Ss：sunny.
　T：sunny.　　　　　　　　　　　Ss：sunny.

　しかし、小学校でも英語の学習が始まり、最近、私は「音って大事だよな」と思うようになりました。もっと、単語の音をしっかり聞かせ、その後、繰り返させたほうがいいのではないかと思うようになりました。

☑ しっかり聞かせるために、設定を調整する

　そこで、まずは音を聞くことだけに集中させます。設定を次のようにします。

表示時間：2秒　　再生間隔：2秒　　再生回数：2回

　そして、画面には「日本語のみ」が表示されるようにします。
　おそらく、さまざまなデジタル教科書で、フラッシュカードの再生機能を「英語のみ」「日本語のみ」「英→日」「日→英」というように、4種類くらい選べるのではないかと思います。

英→日	日→英	英語のみ	日本語のみ

例えば、「英→日」で再生すると、次のように再生されます。

（音声：[kould]）　…2秒…　（寒い）

[kould]という「音」を耳にしながら、「寒い」という日本語が表示されます。

☑ 「英語のみ」で聞かせる

次に、再生機能を「英語のみ」に変えます。

英→日	日→英	英語のみ	日本語のみ

次のように再生されます。音を聞いて、綴りが表示されることで、[kould]という音が、「ああ、そういう綴りになるだな」と気づかせることができます。

（音声：[kould]）　…2秒…　cold

（瀧沢）

音を聞くことだけに集中させる！

設定を変え、単語練習をする

☑ 音をしっかり聞かせながら、リピートさせる

　生徒が単語の「音」を理解したら、デジタル教科書の音声の後に続いて繰り返させます。設定は、次のようにします。再生回数を2回か3回のどちらかにします。

> 表示時間：2秒　　再生間隔：2秒　　再生回数：2回（or 3回）

　そして、再生機能は、「英語のみ」にし、単語を見せます。

> 英→日　　　日→英　　　　英語のみ　　　日本語のみ

　このときも、音をしっかり聞いて、繰り返すように言います。

　T ：Now, you're going to repeat the new words. Please listen to
　　　the words and repeat. To listen is very important.

デジタル教科書の音声を真似て繰り返すように指示します。

☑ 再生スピードを調整する

　慣れてきたら、スピードを調整します。「表示時間」や「再生間隔」を変えることで早くなりますので、実際の生徒の状態をイメージして、決めておきます。

　2回目なので、再生回数は2回で十分かと思います。

ここでも、「音をよく聞いて繰り返そうね」と話しておきます。

> 表示時間：1秒　再生間隔：1秒　再生回数：2回

☑ 音声を「無音」にする

　何回かリピートさせた後は、生徒たちが読めるようになったかどうかを確認します。「無音」にします。画面上には、単語のみが表示されます。
　あまり間が空きすぎるといけないので、再生間隔は、0.5秒にします。

> 無音 ｜ 表示時間：1秒　再生間隔：0.5秒　再生回数：2回

☑ さまざまな機能を十分利用する

　発音できるようになってきたら、さまざまな機能を利用して、発音練習に変化をつけて行います。

- ・「日本語のみ」：日本語が表示される。
- ・「日→英」：1回目は日本語が表示され、その後、英語が表示される。
- ・「ランダム再生」：表示する順番をランダムにする。　　　　（瀧沢）

今度は少し
速いスピードで
繰り返してみよう！

慣れてきたら、表示時間や再生間隔でスピード調整！

3 マスキングして単語を書かせる

☑ 思い通りに、隠したり見せたりできる

　デジタル教科書では、画面の好きな場所を隠すことができます。四角形で隠したり、円で隠したり、お好みの形でマスキングできます。もちろん、自由にはがすことも可能です。マスキングを上手に使うことで、難易度をコントロールしながら、スモールステップで、英単語学習を行うことができます。

　人間の心理として、隠れている部分に注意がいく。そこに隠れているものはなんだろうと気になる。これが学習効果を高めてくれます。

☑ 隠し方のバリエーション５選

①全隠し

　もっともオーソドックスな隠し方は、「全隠し」でしょう。

　左側に日本語、右側に英単語が表示されている画面で、その英単語を隠します。その状態で、英語を言わせたり、書かせたりします。

　　例）　事実、真実　　　fact　　※画面上では隠されている。

②最初の○文字見せ

　少しやさしくするために、「最初の１文字見せ」という隠し方があります。

　　例）　事実、真実　　　fact　　※actのみが隠されている。

　「最初の○文字見せ」は見せる文字数を増やせば増やすほど、簡単になります。thやchなど２文字で１つの音で始まる単語のときに使えます。

③最初の◯文字以外見せ

単語の最初の音と文字を結びつけるための隠し方です。

　　例）　事実、真実　　　**fact**　　※fのみが隠されている。

④子音隠し

単語の子音と文字を結びつけるための隠し方です。

　　例）　事実、真実　　　**fact**　　※fとctが隠されている。

⑤母音隠し

母音の発音と文字を結びつけるための隠し方です。

　　例）　事実、真実　　　**fact**　　※aのみが隠されている。

☑ 隠れている部分をノートに書かせよう

生徒たちのレベルに合わせて、隠す部分をコントロールしましょう。
授業では、

　　Ｔ ：隠れている部分をノートに書きなさい。

と指示を出します。生徒たちが書いたら、すぐに正解を見せて、正しい
情報をインプットさせます。細かく、繰り返し行うことで、音と綴りの
関係が身に付いていきます。　　　　　　　　　　　　　　　　（岩井）

いろいろな見せ方や隠し方ができる！

4 繰り返し聞かせてから単語を書かせる

☑ 音と綴りを結びつけるには発音練習

　単語を書く練習をする前に、デジタル教科書の機能を活用し、繰り返し聞かせ、発音練習をさせましょう。

> 日→英　送り：自動　順序：学習順　音声：ON　表示時間：1秒

　多様な変化をつけて発音練習が可能です。例えば、次のような機能があります。

- 表示の仕方を変える　①日本語のち英語　②英語のち日本語
　　　　　　　　　　　③日本語のみ　　　④英語のみ
- リピート回数の変更
- 文字表示時間の変更（チラッと表示させることも可能）
- 表示する順番の変更（固定・ランダム）
- スピードアップ（1段階速い・2段階速い）
- スピードダウン（1段階遅い・2段階遅い）

　これにリピートや同時読みを組み合わせると、短時間にたくさんの発音練習が可能になります。

　さらに、練習形態も変化させながら行ってもよいでしょう。

- クラス全体→クラス半分→列→ペア→個別

☑ 単語の一部だけを予想させ自信をもたせよう

発音に自信がもてるようになっても、書くことは簡単ではありません。いきなり書かせるのではなく、小さなステップを入れます。

音から想像できる
部分を隠して提示

このように表示して、音から隠されている部分のアルファベットを言わせます。音がわかれば綴りがわかる体験を積ませましょう。

☑ ノートに書かせる前には「指書き」を

たくさん発音練習をした後には、デジタル教科書で単語を見せながら、「指書き」をさせましょう（「指書き」は向山洋一氏が漢字指導において考案したものです）。

> T：では、ノートに鉛筆で書く前に、音と文字をより深く結びつけるために「指書き」をしましょう。小さく分けた音を言いながら、指で机に練習しましょう。

何も見ないで指書きができるようになったら、鉛筆で書いても構いません。鉛筆で書くときも、発音しながら書きましょう。

> 送り：自動

フラッシュカードの送り機能を「手動」にすることで、生徒たちの指書きが終わってから、次の単語に変更することが可能になります。　（岩井）

5 音声を見える化する！ （文節・アクセントの表示）

☑ 英単語の大切なポイントに気づかせよう！

　英語の音は、日本語とは大きく異なります。日本語モードで英語を聞いても、なかなか正確にはインプットされません。英語モードに切り替えるために、次の発問が有効です。

　　Ｔ：Please count how many syllables this word has.

　この問いを出し、実際に手を叩くよう指示します。自分たちではうまくできない場合は、教師がやってみせます。デジタル教科書の音声を2、3回流して確認しましょう。その後、次のように言います。

　　Ｔ：Where is the accent（stress）？

　デジタル教科書を使えば、アクセントの表示が簡単にできます。生徒たちは視覚的にどこを強めに読めばいいかわかります。

dánger	アクセント：ON	クリック1つで切り替え可能

　また、音節ごとに区切られた状態の単語（例：im/por/tant）も表示することができるものもあります（できない場合は、ペンツールで、教師が書き込めば視覚的に伝えることができます）。

　音節数とアクセントを確認すると、一気に英語らしい発音になります。子音や母音のそれぞれの発音はもちろん重要ですが、音節感覚とアクセ

ントが正確になると、伝わる英語が実現します。

　デジタル教科書なら、アクセント表示のあり・なしの切り替えが容易にできるので、スムーズに指導できます。

☑ 音と綴りをつなげるためのコツコツトレーニング

　英単語の発音は極めて複雑ですが、一定の約束事は存在します。いわゆるフォニックスルールです。少しずつ身に付けるために、音から綴りを予想させる活動を繰り返し行うことが大切です。

　T　：What is the first alphabet（letter）of this word?

　日本語のみの表示モードにすれば、音から文字を予測する活動がすぐにできます。

カード：日本語

英語表示に切り替えれば
すぐに正解を提示可能！

☑ 変化をつけて飽きさせない！

　音節の数やアクセントの位置を確認する練習は、一定のスピードではなく、定着度に合わせて変化をつけましょう。スピードを速くしても、アクセントがはっきりわかるか、棒読みにならないか確認することが大切です。

　また、指導形態の変化も大切です。教師対全体という形だけでなく、男女を分けたり、列指名・個別指名を織り交ぜたりして、適度な緊張感を与えましょう。　　　　　　　　　　　　　　　　　　　　　　　　　　（岩井）

6 フラッシュカードで発音練習

☑ デジタル教科書のフラッシュカード機能

　デジタル教科書が普及する以前は、フラッシュカードは授業で使う教具のメインの１つでした。単元の新出単語をフラッシュカードで指導した経験のあるベテランの先生方も多いかと思います。

　その後、フラッシュカードの代わりにパワーポイントを使って語彙指導をする先生方が現れました。パワーポイントのスライド機能やアニメーション機能を巧みに使い、デジタル教材の共有もできるようになりました。

　デジタル教科書では、フラッシュカードの機能が標準で入っています。

　デジタル教科書に入っているフラッシュカードの機能は、アクセント表示、品詞表示、リピートの順番の変更、英語や日本語表示、スピード調整など多機能になっています。

　下記のような機能がどの教科書会社のデジタル教科書でもあるので確認して試してみましょう。

※いろいろ触ってみて機能を確かめましょう。				
表示パターン	表示順	表示間隔	品　詞	リピート
英→日 ▼	表示順 ▼	表示間隔 ▼	品　詞 ▼	1 回 ▼

☑ フラッシュカード機能はタイミングに注意

デジタル教科書にあるフラッシュカード機能が多機能で、便利である反面、問題点もあります。その1つが、カードがめくられるタイミングです。

フラッシュカードのカード送りの間が以外と授業のリズムを崩してしまうことです。提示された単語をリピートしてから、次の単語が出てくるまでの時間が間延びしてしまい、授業のリズムがくずれます。

一度でもデジタル教科書のフラッシュカード機能を使った先生は理解できるのではないでしょうか。

従来の紙ベースのフラッシュカードであれば、教師が様子を見ながらテンポ調整できましたが、デジタル教科書では意外と技術が必要で、初任者や若い先生にはなかなか厳しいのではないでしょうか。

☑ 3回リピートさせる

そこで、どうにかリズムよく、デジタル教科書のフラッシュカード機能を活用して単語指導ができないか考えました。授業がだれてしまわないよう、3回言わせてしまおうと考えました。

（実際のやりとり）
T ：OK. Look at the monitor. Now let's repeat three times.
Ss : Digital Textbook, "thought"
Ss : thought, thought, thought.

3回という数もポイントになります。1回、2回ではなかなか覚えられませんが、続けて3回言うことで記憶に残ります。

2回目に日本語の意味を言わせるバージョンや、先に日本語を見せてから英語を3回言わせるバージョンもあります。　　　　　　　　　　　　（川島）

フラッシュカードや音声再生で単語テスト

☑ 準備ゼロで単語テストができる！

デジタル教科書のフラッシュカード機能を使えば、単語テストのワークシートを用意する必要がありません。単語を選び、その意味（日本語）のみを提示すれば完了です。

> カード：日本語

　T ：OK, everyone. Let's start a word test. Open your notebook, please. Today, I'll give you 5 questions. Look at the screen and write the word.

フラッシュカードの切り替えスピードを設定しておけば、スタート後は放っておいても大丈夫です。

答えの提示も一瞬でできてしまいます。時間の節約に効果大です。

☑ 「音声あり」の単語テストで成功体験を

日本語だけを見せて英語を書くことは、英語を苦手とする生徒には負担が大きい場合があります。意味から音への変換、音から文字への変換という2つのステップを踏む必要があります。そこで有効なのが、音を聞かせる単語テストです。

デジタル教科書の音声再生機能を使えば、すぐに実施できます。フラッシュカードは単語の意味のみを表示して、英語を再生するだけです。再生スピードや、単語と単語の再生間隔も自由に設定することができます。

こうすることで、音から文字への変換だけに集中することができます。この方法で多くの生徒たちが成功体験を味わうことができます。

　最初から「音声あり」で単語テストを実施してもよいのですが、バッチリ意味も覚えてきたので、「音声なし」でやりたいという生徒もいるかもしれません。その場合は、最初は「音声なし」で行い、後半にヒントとして音声を流すという組み立てにしてもよいでしょう。

☑ 単語帳機能で綴りの感覚を磨く！

　デジタル教科書の多くは、単語帳機能があります。この機能により、好きな語をまとめて提示することができます。単語帳機能ではなくても、似た機能があると思います。それを利用したおすすめの活動があります。それは、同じパーツを持つ語をまとめて練習するというものです。

　例えば、-tionで終わる語、-allで終わる語、eeやeaを含む語などです。同じ綴りで、同じ音を表す語をまとめて練習することで、生徒たちは英語のスペリングにはある程度法則があることを理解していきます。単語を習得する上で非常に強力な武器となります。

- ☑ let
- ☑ until
- ☑ era
- ☐ population
- ☑ rapidly
- ☑ feather
- ☐ feathers

オリジナル単語リストを作成し、いつでも表示可能

　通常の単語テストはページごと、パートごと、単元ごとなどに行われると思いますが、時々このような「同綴り同発音」の単語練習、単語テストを行うことを強くおすすめします。単語帳にリスト保存できれば、繰り返し、いつでも提示することができます。　　　　　　　　　（岩井）

イラストやピクチャーカードの
活用法

1　デジタル教科書のイラストやピクチャーカードは結構使える

　デジタル教科書を使うようになって、個人的に便利だなと思うことがあります。それは教科書の写真やイラスト、グラフなどいわゆる資料になるものが格段に使いやすくなったからです。

　デジタル教科書を使う前は、紙の教科書をカラーコピーして、必要な部分を切り取り、それを授業に使うワークシートに貼り付けて使っていました。

　この手間がどれだけ面倒なのか、先生方は理解できるのではないでしょうか？ワークシート作成の途中までは、ワード等のアプリでさくさく進むのに、最後の最後で紙を使って生徒の人数分を印刷していました。

　デジタル教科書はその手間を省いてくれました。パソコンにある画面を切り取るアプリ（Windowsのクリッピングツールのようなもの）を使って、デジタル教科書の必要な部分を切り抜き、画像として扱えるようになったからです。

2　画像の使い方

　さて、画像として切り抜いたイラストやピクチャーカードはどのように使えるでしょうか。いろいろ活用方法はあるかと思います。ここでは、定期テストでの活用方法をご紹介します。

　1）ピクチャーディスクライビング

　定期テストでデジタル教科書から切り抜いた画像を使って、ピクチャーディスクライビングをさせてみる。

　2）画像を並べ替える

　教科書本文の要約文を作り、その内容に合わせてイラストや写真などを並び替える問題を作成する。

　どちらの問題も、定期テストで活用できるアイデアではないでしょうか。評価としては、「知識・技能」と「思考力・判断力・表現力等」を測る問題として活用できます。　　　　　　　　　　　　　　　　　　　　　　　　　　　　　　（川島）

第 **3** 章

デジタル教科書で取り組む
リスニング＆リーディング

音声スピードを変えて、内容理解につなげる！

☑ 音声スピードを変える！

　デジタル教科書では、聞かせるスピードを変えることができます。しかし、あまり速いスピードでは、かえって不自然な英語になってしまうことがあるので、適度な速さを用いるとよいでしょう。

　音声を聞かせる前に、聞き取りのポイントを示します。

　T : Now, let's listen to the story. Before that, I'll give you two
　　　questions.
　　　No.1. 誰のことを話していますか？
　　　No.2. その人は、誰と働いていますか？
　　　Write the answer on your notebook. Are you ready?

　このように、何を聞き取らせるのかを明示したのち、音声を流します。

　最初は、ノーマルスピードで聞かせます。生徒は流れる音声を聞き取ろうと必死になります。

　1回では、なかなか理解できないので、複数回聞かせます。ノーマルスピードで聞かせた後は、ゆっくりバージョンで聞かせます。

　T : Let's listen one more time. This time, I'll play the slow
　　　version. ゆっくりバージョンで聞いてもらいますので、確認し
　　　ましょう。（ゆっくりで流れる）
　Ss : （笑い）／ Ss : わかった！

　何回目でゆっくりバージョンを聞かせるかは、ケースバイケースです。

✅ 普通速度から、ゆっくりバージョンにしてみる！

最初は普通のスピードで聞かせ、その後、スピードを遅くしてみると、英語が聞き取りやすく感じます。私たちも実際、ゆっくりバージョンで聞いてみると、単語が耳に残っていくのがわかるかと思います。ゆっくり再生されていくので、聞きながら意味を理解する時間が確保されます。

ただ、最後にはまた、普通のスピードで聞かせるようにして、ノーマルな速さに耳を慣れさせるようにします。

✅ リスニングポイントを示し、主体的に聞かせる

なお、無目的に聞かせるのではなく、聞き取りのポイントを示してから聞かせるようにします。「2人は何について話をしているのかな？」「これから2人は何をしようと言っていますか」等を示し、情報を聞き取らせます。

ワークシートを用意し、聞き取る内容を明示しておくのも1つの方法です。情報や要点を聞き取るよう練習を継続して行うことで、一連の英文の中から、自分が聞き取ろうとする情報を得ようとする目的が生まれます。

（瀧沢）

① 誰のことを話していますか？
②その人は、誰と働いていますか？

聞き取りのポイントを示してから聞かせよう！

映像なしで音声だけ聞かせる！

☑ 「映像なし」で聞かせる！

　デジタル教科書には、動画を用いて、英語が話されている場面や題材に関する文化的背景等を紹介しているものがあります。

　それらの動画を生徒に提示する際、最初から映像を見させるのではなく、音声だけ聞かせてみたらどうでしょうか。

> T ： We're going to watch a video, but before that, let's listen to the story first.（動画の音声を流す）
> Ss:（聞く）
> T ：（動画の音声が終わると）What's the story about? Talk in pairs.
> Ss:（ペアで聞いた内容を確認し合う）

再度、音声だけ聞かせた後、映像を見させます。

> T ： Now, let's watch the video.
> S1：あ〜、milk って言っていたんだ！
> S2：ああ、ゲルって、モンゴルの家なんだ。
> S3：星がきれい！

　毎回ではありませんが、ときにはこのように、映像を見せる前に、音声だけ聞かせ、場面や状況を想像させます。これは、教科書本文を導入する際のピクチャーカードについても同様です。

☑ なぜ、音声だけ聞かせるの？

映像と音声が同時に流れると、生徒の中には映像に興味をもち、音声に注意が向かない場合が考えられます。

映像が流れた瞬間、近くの生徒と思ったことを口にしたり、動く映像に気を取られ、英語を聞くことを忘れていたりと、音声が映像に負けてしまうことが多いため、音声だけを聞かせます。

☑ 音声だけを聞かせるには !?

映像を見えなくする機能は、おそらくデジタル教科書上にはついていませんので、映像部分を「図形」で隠し、映像が見えないようにします。

白い図形を、映像画面の上に重ね、それを「保存」（30ページ参照）しておき、授業で取り出します。

もしくは、大型テレビ等の提示装置との接続を解除し、パソコンからスピーカーを通し、音声だけを流すこともできます。 （瀧沢）

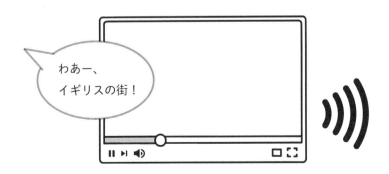

映像なしで音声だけ聞かせてみよう！

3 英語字幕を読ませる！

 音声は聞かせず、字幕を読ませる！

　デジタル教科書には、本文導入の際のピクチャーカードが用意されており、音声と一緒に字幕を提示することができます。

　通常はピクチャーカード提示と同時に音声を聞かせますが、音声は聞かせず、英語の「字幕」を読ませてみます。

　きっと生徒は、必死になって字幕を読もうとするのではないかと思います。なぜなら、セリフが次々と変わり、早く読まないといけないからです。

 字幕を利用し、本文の内容理解を行う！

　ピクチャーカードの画面を見させ、まず登場人物や背景を確認します。

　T ：Look at this picture. Who are they?
　Ss：Miki and Jim.
　T ：Right. What are they talking about?
　　　Let's watch and read.

　ピクチャーカードを再生します。すると、絵の下にスクリプトが提示されます。生徒は、それを必死になって読みます。最初はわけがわからず、どんどんセリフが流れていきます。

　1回終わった後、次のように言って、ペアで場面や状況を確認させていきます。

T ： What's the story about? Talk in pairs.

Ss ： (ペアで聞いた内容を確認し合う)

　この後、必要に応じて複数回、字幕を読ませる活動を行い、場面や状況、話題を読み取らせます。

　未習語彙も出てきますので、時々、一時停止して、「famous って、どんな意味？」などと、確認する時間をとってもいいでしょう。

　最後には、理解の確認のために、QAやTFを行い、本文理解を深めます。さらに、音声付きでピクチャーカードを見させ、音読へと入っていきます。

☑ 字幕提示の際の音声スピードはゆっくりバージョンで！

　音声スピードを変える機能で字幕を読む時間を与えるために、ゆっくりのスピードで音声設定をし、その状態で、音声を消し、再生します。すると、字幕を読む時間に余裕をもたせることができます。

　それでも早く読んでいかないと、次のセリフに変わってしまうので、生徒は必死になって、情報をつかもうとするでしょう。　　　　　　(瀧沢)

えっと、ミキとジムが図書館で話している話？

そうそう！

字幕を読ませた後は、ペアで内容を確認しよう！

動画・ピクチャーカードで内容理解を助けよう

☑ 視覚情報から内容を推測させよう

　デジタル教科書の強みは、「視覚情報」をふんだんに提示できる点にあります。教科書は挿絵程度ですが、デジタル教科書にはそれ以上の情報が入っています。

　「百聞は一見にしかず」と言うように、ピクチャーカードを見せれば、「どんな場面で、誰が、どんなやりとりをしているのか」などをパッと伝えることができます。

　　T　: Now, I'll show you some pictures of today's story.
　　　　Please imagine what the story is about.

　このように、文章の音声を聞かせる前に、ピクチャーカードだけを見せます。その後、生徒同士で意見交換をさせます。

　　T　: Please talk with your partner about what you imagine.

　文章を聞いたり、読んだりする前にこのような活動を行うことで、生徒たちはこれから学ぶ英文の大まかな内容を推測することができます。

　ピクチャーカードで内容を予想させた後に行うおすすめの活動は、ミュート（音量ゼロ）で動画を見せることです。

　動画はピクチャーカードよりも情報量が多く、より正確な内容推測が可能となります。動画を視聴した後は、もう一度ペアで情報交換をさせます。

☑ 視覚情報の後に、聴覚情報を提示しよう

　ピクチャーカードと動画を見ることで、生徒たちは会話の場面や状況など大まかにつかむことができます。その後、音声ありで動画を視聴させます。

　T　：OK, everyone. Please watch this short movie carefully.
　　　 After that, I'll ask words you can catch.

　視覚情報とセットで英文を聞かせた後、どんな単語が聞こえたか生徒に尋ねます。

　T　：What did you hear?
　（Ss：bear, tear, tiger …）

　視覚情報があるので、生徒たちはスムーズに英単語を聞き取ることができます。動画の英語字幕をオンに切り替えることで、キャッチできなかった語句を確認することも簡単にできます。

　まさにデジタル教科書の強みです。日本語の字幕から、使用されている単語を予想させることも可能です。

　語句チェックの後に、内容理解を確認するTFクイズや、内容を直接問うQA、ピクチャーカードの並べ替えなどを行ってもよいでしょう。デジタル教科書だけで、すぐに、その場で、多様な活動が展開できます。

（岩井）

動画を使って、生徒に内容を予想させよう！

5 デジタル教科書で概要把握

☑ リスニングで概要把握させる

中学校学習指導要領解説外国語編の「聞くこと」の活動で、「具体的な情報を聞き取る」「必要な情報を把握する」とあります。いわゆる概要把握になります。生徒は英語を聞いて、どのような話なのか要点を聞き取っていきます。

生徒は聞こえてくる英語を全て聞き取る必要はありません。聞こえてきた英語の概要を理解することが目的です。

この目標を達成するために、私は、各単元のはじめに、単元全体を通して聞かせます。単元全体でどのような話なのか、トピックは何か、何を伝えようとしているのかを最初につかませることが目的です。

この活動では、単元のセクションごとに区切ることもできますが、ある程度長さのある英文を聞き取る訓練も兼ねています。

☑ ピクチャーカードを並べ替える

デジタル教科書には、本文の流れに沿ったピクチャーカードがあります。デジタル教科書を使う以前は音声のみで、概要把握をしていました。ワークシートを作成し、5W1Hの情報について英語を聞きながら、ワークシートに埋めていくという活動です。

今は、デジタル教科書に付属するピクチャーカードを使うようになりました。準備が簡単で、音声だけよりも、イラストがあるほうがわかりやすく生徒の活動につなげやすいからです。

音声を聞くだけでは、理解できない生徒は活動をストップしてしまうこ

とが多かったのですが、ピクチャーカードを並べ替えるというタスクを設定することで、生徒の活動が活発になりました。

　また、並べ替えるというタスクを設定することで、英語を何度も聞くことになります。途中、生徒同士で確認させることで協働的な学びにもなります。

　やり方は簡単です。

　　ステップ１：ピクチャーカードをワードやパワーポイントなどに貼り
　　　　　　　　付ける。
　　　　　　　　　↓
　　ステップ２：貼り付けたピクチャーカードを適当に並び替える。
　　　　　　　　　↓
　　ステップ３：並べたものを印刷する。

　もしくは、１人１台端末を活用して印刷の手間を省くことも可能です。

☑ 並べ替えさせたら説明させる

　生徒がピクチャーカードを並べ終わったら、次にそのピクチャーカードを使って英文の内容について説明させてみましょう。即興で伝える活動になります。

　ここでは、導入の段階になるので、多少間違っていても問題はありません。学習が進むにつれて、自分の間違いに気づいていきます。生徒自身が説明した内容と実際の内容を確認するように授業を進めていくとよいでしょう。
　　　　　　　　　　　　　　　　　　　　　　　　　　　　　　（川島）

6 動画を活用した ノートテイキング

☑ 各単元の最初にある動画を活用しよう

　スキーマとは、ある種の情報や一連の知識のかたまりのことで、背景知識とも言われます。英語を聞いたり、読んだりするときに、自分の専門外や、関心が乏しい話だと内容をうまくつかめないことがありませんか？それは、スキーマが不足していることが原因かもしれません。

　生徒にとっても、自分の知らないこと、わからないことは、やはり理解に苦しむことが多いです。簡単な英語に思われても、興味・関心が低いトピックだったり、知らないジャンルの話であったりすれば、それだけで、理解を困難にさせます。

　デジタル教科書には、各単元のはじめに、その単元で扱う内容やトピックについて、導入のための動画があります。

　この動画を利用し、その単元で学習する内容について軽く触れさせることができます。動画には、その単元のトピックが関連する新出の言語材料を使って表現されています。この動画を使って生徒のスキーマを活性化させましょう。

☑ ノートテイキングしながら動画を視聴する

　せっかく動画を活用するのであれば、ただ見せるのはもったいないです。そこで、生徒にノートテイキングをさせてみましょう。

　ノートテイキングとは、ずばりノートを取ることです。何を当たり前なことを言っているのかと思うかもしれませんが、海外では、教師は、授業であまり板書をしないことが多いそうです。生徒は教師の話の中から重要

なところがどこか、瞬時に理解してノートにまとめます。

　生徒にとって、いかに上手にノートを取るかというのは成績に直結してくる大事な技能です。さて、ノートテイキングのスキルにはポイントがいくつかあります。そのポイントを紹介しましょう。

　　ポイント１：聞き取れた内容を短い文章で書く。
　　ポイント２：要点を最初に押さえ、それから詳細へ。
　　ポイント３：場面に合わせて情報を整理して書く。
　　ポイント４：丁寧に書く（きれいにじゃないですよ！）。
　　ポイント５：シンボルや略語を使う。

☑ 動画を活用してノートテイキングの実践！

　それでは、上記の５つのポイントを意識して、ノートテイキングの実践をしてみましょう。以下にそのステップを記します。

　　ステップ１：デジタル教科書にある動画を準備する。
　　ステップ２：動画を見て、実際にノートテイキングを行わせる。
　　ステップ３：ノートを取り終わったら情報を整理するために書き直す。

　実際にノートテイキングをさせた後は、生徒同士で自分の取ったノートをシェアさせるのもよいと思います。最初から上手にはいかないかもしれませんが、続けていけば生徒のノートテイキング技能は高まっていきます。

（川島）

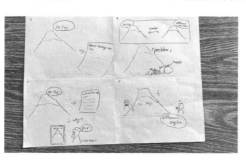

ノートテイキングをした生徒のノート

音声を使ってより正確な単語練習をしよう

☑ 忘れてはいけない「音節」と「アクセント」指導！

　単語には、「音」と「意味」と「綴り」という教えるべき要素があります。まずは音（発音）をしっかり指導しましょう。単語の指導と聞いて、一番最初に思い浮かぶのは、「聞いて、真似する」ものでしょう。Listen and repeat.です。正確に聞き取り、正確に発音できるようになってほしい、と私たちは願っています。

　しかし、英語らしい発音にたどり着くためには、もっと大切なものがあります。それは「音節」感覚です。英語ではsyllable（シラブル）と言います。

　音節感覚を養うために有効な方法は、手を叩く活動です。例えば、strawberryという語は、3つの音節からなる語です。それを手を叩きながら、発音します。「タン・タ・タン」と教師が手本を示し、その真似をさせます。

　　T ： Look at me and copy me. Straw/ber/ry. （と言いながら、手を叩く）

　　Ss ： Straw/ber/ry.（手を叩く）

　スムーズにできるようになったら、アクセントがあるところを強く叩くよう指示します。その後、手を叩くのをやめて、アクセントがどこにあるのかわかるように発音練習をします。

　デジタル教科書を活用すれば、何度でもネイティブの発音を聞かせることができます。繰り返し何度も聞かせ、繰り返し同時に発音させ、英語の音節感覚とアクセント感覚を育てていきましょう。時々、1人ずつチェックして指導するのも効果的です。

☑ 発音と文字を結びつける指導

　日本語話者が英語を発音するときに陥りがちなのが「カタカナ英語」です。例えば、streetという語なら、「ストリート」と発音してしまいます。本来は存在しない母音を余計に付け足してしまう「母音挿入」という現象です。

　この現象を防ぐために、英語の綴りを有効に活用しましょう。まずは単語を0.5倍速にして、3回程度聞かせ、sutoreetoではないことを確認します。子音のみを1つずつ発音し、つなげていきます。一息でstreeを発音する練習をします。その後、tの音を付け足します。余計な母音が入らない発音の完成です。

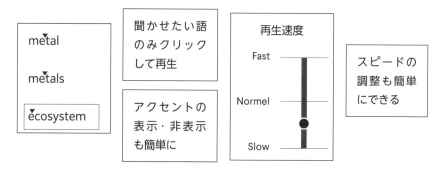

　日本語は基本的に、子音と母音がセットの言葉なので、複数の子音を連続で発音することが難しいです。しかし、文字に注目しながら、分解して発音練習することで、本来の発音に近い英語が言えるようになります。

☑ ゆっくり再生が効果的！

　英語を正しく発音するためには、唇や舌を適切に動かす必要があります。再生スピードを遅くすることで、より正確に練習することができます。例えば、fやvがある単語の場合は、下唇と上の歯の接触をゆっくり確認させます。thを含む語も同様です。綴りと音のつながりを意識させて発音練習を行います。0.5倍速スピードでできるようになったら、通常スピードに戻し、何回か練習します。

（岩井）

8 教科書本文の 重要表現を確認しよう

☑ 生徒の視線を1点に集めることの重要性

デジタル教科書の本文をモニターに映して生徒の視線を集めましょう。

実際の授業では、本文の重要箇所、新出の言語材料や重要表現を説明、指導することはよくあるかと思います。

教師側の指示に生徒がすぐに反応してくれると助かるのですが、実際には、教科書を見ながらだと、どこを解説されているのかわからなくなったり、教科書の何ページを見るのかわからなかったり、そもそも教科書を忘れてしまった生徒もいたりします。

そこで、ICTを活用して、教師側が指導者用デジタル教科書を使用して、該当する言語材料や重要表現を大きなモニターに映し、新出の言語材料が使われている英文や重要表現を見せながら教師が解説をします。

生徒全員が1つのモニターに注目し、学習内容の確認をすることは、授業規律を確立するうえでも効果が高い活動になります。どの生徒も安心して授業に取り組むことができます。

☑ デジタル教科書の表示機能を活用しよう

デジタル教科書にある本文の表示機能を活用してみましょう。教科書の本文をモニターに映し出すだけでさまざまな活動が考えられます。

ここでは、クラス全体で重要事項の理解を図りたいときに使える機能を紹介します。

デジタル教科書には本文を「全体」、「段落」、「1文」などで表示する機能があります。

教師側の意図でそれらの機能を使い分けていくことはとても大切なことです。

新出の言語材料や重要表現を指導するには1文で表示する機能が有効です。英文自体が大きく表示されるだけでなく、スペースも生まれるので、デジタル教科書の他の機能との組み合わせも容易になります。

指導したい英文を1文表示させ、生徒に覚えてもらいたい箇所をマーカー等の機能で強調表示することで、どの生徒も重要箇所が一目で理解できます。

その後、生徒の教科書にも同じ箇所をチェックさせることを忘れないようにしましょう。教師の説明を聞いているだけでは記憶に残りにくいです。生徒自身が同じことをすることで確認にも、復習にもなります。

☑ 新出の言語材料や重要表現を活用させる

ICTを活用して、新出の言語材料や重要表現の学習を終えたら、次は実際に活用させたいところです。

教科書には練習問題があります。当然、指導者用デジタル教科書にも練習問題はあります。

デジタル教科書の問題を活用し、学習した新出の言語材料についてまずは、口頭で練習させてみましょう。

モニターにデジタル教科書にある練習問題を映し出し、生徒を指名して答えを言わせます。

実は、それまで本気になっていなかった生徒がここで、本気になります。必死に学習した内容を思い出したり、友人に確認したりしながら、なんとか答えようとします。生徒の頭が動く瞬間です。

このような場面を授業の中でたくさん作っていきましょう。　　（川島）

英文並べ替え

☑ バラバラの英文を意味が通るように並べ替える

　バラバラの英文を意味が通るように並べ替える活動について紹介します。最近よく見かけるようになった問題形式でもあります。

　指示語や代名詞をきちんと押さえる必要があり、生徒の読解能力を高める効果があります。

　また、英文と英文のつながりや役割を理解していることが必要になります。

　この活動を紙のワークシートを作成して行うと意外と準備が必要ですが、指導者用デジタル教科書とタブレットやパソコンを活用すると簡単に作れます。

　注意する点としては、既習事項の英文で行うことです。未習の英文を使うと言語材料や語彙の面で難しい面があるからです。

　教科書の各セクションの英文を全部使う必要はありません。パラグラフの中の数文でも構いません。会話文で行うとよりわかりやすいかと思います。

☑ デジタル教科書と切り抜き機能を活用してみよう

やり方を説明します。

①並べ替えを行わせたい英文を選ぶ。

②選んだら、その英文をデジタル機能の1文表示機能を使って表示する。

③パソコンやタブレットの機能の切り抜きツールを使って英文をク

リッピングする。

④クリッピングした画像をパワーポイント等へ貼り付ける。

⑤②から④を必要な英文だけ繰り返す。

⑥貼り付けたパワーポイントのファイルを生徒へ送信する。

⑦生徒が並べ替えたら教師の端末に送信する。

　もしも、勤務校でロイロノートを使用しているのであれば、クリッピングした英文をそれぞれカードにして送ることができます。生徒もカードを並べ替えるだけになるので、活動も用意に行えます。

　生徒に送信しなくてもモニターに表示させて行うこともできます。

☑ 英文の並べ替え後はパラグラフの並べ替え

　英語の教科書には、読み物教材として比較的長い英文が掲載されています。物語文だったり説明文だったりと形式はさまざまですが、パラグラフの数がそれなりに多いのが特徴の1つです。

　英文の並べ替えに慣れてきたら、パラグラフの並べ替えに挑戦させてみましょう。

　やり方は、英文の並べ替えと同様です。パラグラフごとにクリッピングして切り抜き、パワーポイントやロイロノート等に貼り付けて、生徒に送信します。

　英文と違って、パラグラフごとになるので、パラグラフ構成の学習にもなります。一文で行うより、ある程度時間をとる必要がありますが、既習事項の英文を活用することで復習にもなります。　　　　　　　　　（川島）

10 準備なしでできる ディクテーション

☑ ディクテーションとは何か？

　ディクテーションは、英語のリスニング力向上に役立つ活動です。聞こえた英語を一語一句書き取る活動です。

　ディクテーションのメリットは大きく3つあります。

　①「音」を「文字化」するトレーニングが効果的に行える。
　②聞き取れなかったり書けなかったりした単語や語句を可視化できる。
　③英文の構造・文法について理解が深まる。

　手順としては、まずはディクテーションを行う英文を2〜3回ほど聞かせます。まずは「大まかな内容」を理解させましょう。リスニングのみで、話の概要を捉えさせます。

　次に、英文の長さにもよりますが、1〜2文ごとに英文を聞かせて書き取りをさせましょう。難しいと感じた箇所は聞こえたとおりにカタカナで書かせます。

　英文を表示して聞き取れなかったところ、書き取れなかったところを確認させましょう。確認が終わったら、英文を見ながら音声を聞いて、音と文字のつながりを確認しましょう。

☑ 1学年下のデジタル教科書を活用しよう

　デジタル教科書でディクテーションを行う場合、1学年下のデジタル教科書を活用することをおすすめします。生徒のレベルに合わない英文は

ディクテーションの効果が見込めません。1学年下のデジタル教科書を活用することで、既習事項の復習になるだけでなく音声的にも一度学習しているので負荷が下がります。

英語科の教師であれば、全学年の指導者用デジタル教科書を使うことができます。この利点を十分に活用しましょう。

デジタル教科書で英文を非表示にして音声だけ流せば、簡単に実施できます。1文ごとに英文を再生することも可能なので、ディクテーションするにはとても便利な機能がデジタル教科書にはあります。

☑ ディクテーションが終わったらシャドウイングを

リスニング力向上に効果のあるディクテーションですが、シャドウイングと組み合わせることで、相乗効果が期待できます。シャドウイングは「聞こえた英文を聞こえたとおりに発話する」活動です。どちらも音情報を、フレーズに置き換える練習です。

シャドウイングでは、音を単語の場合は語句として認識し、すぐに発話するため、英語の瞬発力が鍛えられます。ディクテーションでは音の文字化が鍛えられます。また書き取ることで間違ったところや聞き取れなかったところを文字で確認できます。ディクテーションとシャドウイングを組み合わせることで、「音」の「文字化」へのトレーニングが効果的に行われます。

デジタル教科書を使えば、このディクテーションとシャドウイングのトレーニングが準備なしで行えるので活用しない手はないでしょう。

デジタル教科書の英文を見せずに音声だけにします。準備はこれだけです。状況に応じてスピードに変化をつけることも可能です。

また、マスキングの機能を使えば、見せる単語、見せない単語を作ることもできます。全文をシャドウイングするのが難しい場合に難易度を調整することも可能です。

このようなことが簡単にできるのがデジタル教科書の強味ではないでしょうか。

(川島)

11 ディクトグロスに挑戦！

☑ ディクトグロスとは？

　ディクトグロス（Dictogloss）とは、オーストラリアの言語学者・Ruth Wajnryb（1990）が考案した英語学習の方法です。

　ディクトグロスの活動では、生徒が自分自身の持つ英語の知識と聞こえた英文の音声を頼りに英文を復元させていきます。ペアやグループで行うこと（協働的な学習）で、自分では気づかないところに気づくことができるので学習効果が高くなります。

　ディクトグロスの活動では、生徒は聞き取った英文をそのまま書き取る必要はありません。この点がディクテーションとの違いになります。ディクテーションでは、聞き取った英文をそのまま書き取るので「生徒同士が協力して再構築する」という要素はありません。

　また、ディクトグロスの活動は、文章を再構成していく中で文法事項や言語材料についても注目させることができるので、フォーカス・オン・フォームの活動にもなります。

☑ デジタル教科書を使ったディクトグロスの手順

　それでは、デジタル教科書を使ってどのようにディクトグロスを行っていくか、そのステップを見ていきましょう。

　教師は、ディクトグロスで使うデジタル教科書の本文をモニターに表示します。英文が見えないように隠しておきましょう。

ステップ１：生徒はメモを取りながら、英文を聞く。

ステップ２：書き取ったメモをもとにして、配付したワークシートに英文を再構築する。

ステップ３：自力で再構築した英文を、友達と比較し協力しながら足りない部分や誤って理解していた部分などを再構築する。

ステップ４：ステップ２からステップ３を何度か繰り返す（私は３回繰り返すことが多いです）。

ステップ５：元の英文を提示して、英文の内容について生徒同士で確認、訂正を行う。

上記の５つのステップでディクトグロスを行わせます。

☑ 活動後のアフターフォローを忘れずに！

ディクトグロスの活動が終わったら、アフターフォローをしましょう。

生徒が行ったディクトグロスの文章が必ずしも必要な情報を網羅しているとは限りません。さらに、元の文章と表現が異なっていたとしても構わないのですが、英語表現として適切なのか、生徒だけでは判断がつきません。

教師側でも、注目させたい言語材料や文法事項もあるかと思います。生徒の気づきをシェアするのもよいでしょう。

大事なことは、ディクトグロスの活動をやりっぱなしで終わりにしないことです。

特に間違いの多かった箇所やポイントとなる言語材料の聞き間違いについては、デジタル教科書の本文再生機能を活かし、再生スピードを遅くして聞かせることも有効です。

また、聞き間違いの多かった英文については、ディクテーションや音読をしながらノートに書く活動（音読筆写）などもあります。状況に合わせたアフターフォローの活動を設定しましょう。

(川島)

単語指導のために、英語の音を攻略しよう！

1 単語指導は2段階

　英単語指導は、2段階に分けられます。最初に、音と意味をつなぐ指導、そして音と文字（綴り）をつなぐ指導です。

　音と意味をつなぐ指導において、視覚情報は大切です。デジタル教科書を使えば、写真やイラストを提示することが可能です。文字で「リンゴ」と示すのと、写真や絵で示されるのでは、大きな違いがあります。入門期は、名詞をたくさん学習します。音を聞いて、意味がわかる（イメージが浮かぶ）語をできるだけ身に付けさせたいですね。

　その上で、綴りを学ばせることが大切です。意味がわかる、発音できる状態になってから、単語を書く練習をすると非常にスムーズに進みます。綴りを覚えさせることに躍起になって、何度も書かせる指導は英語嫌いを生み出す原因にもなってしまいます。

2 単語を小さい単位に分解しよう

　日本語で使われる音と、英語の音には大きな違いがあります。例えば、日本語にはthの音はありません。しかし、英語には存在します。したがって、mathもmassもカタカナで表記するとマスとなってしまいます。子音も母音も、日本語と英語では大きく異なります。単語を小さい音に分解し、繰り返し発音練習をすることがおすすめです。

　音のまとまりの感覚においても違いがあります。日本語は、子音と母音がセットになって1つの音を作ります。モーラと言ったりします。それに対して、英語は子音・母音・子音で、シラブルと呼ばれる音のまとまりを作ります。日本語で、クリスマスは5音（5モーラ）ですが、英語のChristmasはたったの2音（2シラブル）です。この拍感の違いも、英語の学習を難しくしている要因の1つです。

　英語の音の攻略は、英語学習において非常に重要なウェイトを占めます。デジタル教科書を効果的に活用し、たくさん聞き、たくさん発音する機会を提供したいですね。発音できる単語は聞き取ることも容易になります。音を認識できる単語は、その音と綴りを結びつけることが簡単になります。　　　　　　（岩井）

第**4**章

デジタル教科書
だからこそ効果的な
音読指導

ピクチャーカードで音読練習

☑ 字幕を見せて、繰り返させる

　ピクチャーカードの画面でも、音読練習は可能です。デジタル教科書では、絵の下に英文を字幕のように出すことができます。

　しかし、残念ながら、単語練習のように、再生間隔が選べません。

　そこで、教師が、一時停止させる必要があります。

　絵を見ながら音読するので、生徒は、場面状況がわかった状態で、登場人物になりきって読むことでしょう。

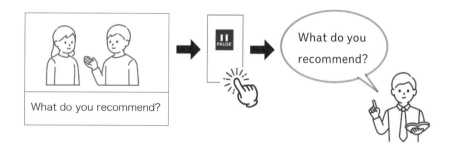

☑ 字幕を見せずに、繰り返させる

　字幕を見せずに、絵だけを見て繰り返させます。この場合も、一時停止させて行います。また、一時停止した後に、すぐに繰り返させない方法もあります。音声を聞き、教師が一時停止した後、少し経ってから、教師の合図に合わせて言わせるのです。なぜなら、その数秒の間に、生徒は、どんなふうに言ったらいいのか、頭の中で英文を再生するからです。

音声：What do you recommend?
T：（2〜3秒後）はい。
Ss：What do you recommend?

☑ 同時読み（オーバーラッピング）、シャドウイングをする

　同時読み（オーバーラッピング）を行います。字幕は見せたまま、教師は一時停止せず、そのまま流します。これも短い文章であれば2〜3回連続再生にしておくと、繰り返し音読させることができ、生徒も読むことに慣れていくことでしょう。

　字幕は見せないで、耳だけで聞いてシャドウイングさせます。この段階で、ほぼ暗記できている生徒もいるでしょう。シャドウイングですので流れてくる音声の少し遅れて聞いた音を再生します。時には、一時停止を用いながら音声を正確に再生しているか確認するとよいでしょう。

☑ 「日本語字幕」で言わせる

　日本語で字幕を見せることもできますので、日本語を見て、英語で言う活動もできます。また、音声を消せば、生徒だけで言わせることができます。音読が充分に行われた後は、日本語を見て、英語で言えるかどうか挑戦させるのもいいでしょう。　　　　　　　　　　　　　　　　　　　（瀧沢）

【ピクチャーカードのさまざまな活用法】

字幕あり		字幕なし	
①	リピート	①	リピート（すぐに繰り返す）
②	同時読み（オーバーラッピング）	②	リピート（合図で繰り返す）
③	英語字幕を見て言う（音声なし）	③	シャドウイング
④	日本語字幕を見て言う（音声なし）	④	同時読み（オーバーラッピング）
⑤	役割練習（ペアで読みあう）	⑤	役割練習（ペアで読みあう）

2 音声を聞かせる（アクセント・イントネーション）

☑ クリック１つで好きな部分を簡単再生！

　音読指導を行うために、音声をたくさん聞かせることは必要不可欠です。その際に、今まではCDやMP３などのデジタルデータを使って教科書の本文を聞かせていました。しかし、聞かせたい部分のみを再生しようとしてもうまくいかず、歯がゆい思いをしたのは私だけではないはずです。

　デジタル教科書を使えば、再生したい英文をクリックすると、その部分から再生したり、その部分のみを繰り返し再生したりできます。これは非常に便利です。授業の時短につながります。

> T : Today, we're going to study 2nd paragraph. Listen carefully. Before listening to it, I'll give you one question. What did John buy for his mother?
> （このように発問した後、その段落を聞かせる）

段落よりももっと小さい単位である文でも、選んで再生可能です。

> T : Listen and catch what time Takuya got to the station.
> （このように発問した後、必要な１文のみ再生する）

クリックした文を選んで再生可能！

☑ ボタン1つでアクセントが表示できる！

　日本語を話す私たちの英語は平板になりがちです。しかし、アクセントマークがあることで、強弱を意識しやすくなります。今までは教科書にアクセントを書き込ませていましたが、デジタル教科書を使えば、一瞬で提示することができます。そして、慣れてきたら、消すことも可能です。

> Lét us gíve you one exámple
> from the Réd Líst.

アクセント：ON

　アクセント表示機能を使ってのおすすめの活動があります。それは、アクセントを表示する前に、生徒自身にアクセントを予想させ、教科書に書き込ませることです。

　　T ：In the first paragraph, please put 8 accent marks.

　英語を聞かせる前に1回、聞かせた後にもう1回、上記のように指示します。その後、正解を表示します。アクセントの位置を確認した後は、そのアクセントを意識して音読練習を行います。

☑ 英語特有のイントネーションを攻略！

　英語の音読にも、母国語のイントネーションが影響することがあります。特に、文末の上昇、下降は簡単ではありません。日本語の疑問文は、文末を上げますが、英語では違います。基本的にYes/Noで答える質問は上昇調で、Wh語（Howも含む）で始まる疑問文は下降調です。頭でわかっていても難しいです。これを視覚的に示せるのがデジタル教科書の強みです。文末の上昇と下降を表す矢印を簡単に表示することができます。

（岩井）

 音調

> Have yóu ever héard of the ÍUCŃ
> Réd Líst?↗

3 スラッシュ音読で意味の まとまりをつかませよう

☑ 理解度がわかる「意味のまとまり」感覚！

　英文をどこで切って読むかで、その英文をどのくらい理解できているかがわかります。デタラメな切り方をしている生徒は、その内容を理解できていないと考えてよいでしょう。つまり、英語のまとまり（チャンク）を見抜く力が英語の意味理解力と深く関係しているということです。

　デジタル教科書では、このまとまりをスラッシュで表すことができます。表示・非表示の切り替えも簡単です。

　授業では、以下のように活用することができます。

　　Ｔ ：（英語を数回聞いた後）この文を４つのまとまりに分けます。スラッシュを３本引いてみましょう。ピリオドやクエスチョンマークなど文の終わりはダブルスラッシュ（//）を書いてください。

> So/it is important/for us/to take
>
> action now//

> スラッシュ表示も
> クリック１つ

　正解を表示して確認をします。その後、次のように言います。

　　Ｔ ：第一段落には、全部で11本のスラッシュが入ります。

　このようにヒントを出すと、生徒たちはさらに意欲的に取り組み、相談し合うようになります。

　ある程度意見が落ち着いたら、デジタル教科書を使って表示をします。

大きな画面に映し、スッキリ確認ができます。なお、全員が正しく記入できているかは、「では、スラッシュが入っているところで、手を叩いてください」という活動を行うことで確認できます。

☑ スラッシュを入れた後に行う音読バリエーション

（1）スラッシュリピート

　単純にチャンク単位でリピートします。デジタル教科書によっては、繰り返しの回数を設定できるものもあります。1回目は文字を見て、2回目は文字を見ないでリピート（Read & Look up）が簡単にできます。

（2）スラッシュ通訳読み

①英語→日本語

　生徒が英語で読み、その後、教師がそのまとまりの意味を言います。生徒同士のペアでも構いません。

②日本語→英語

　生徒が日本語を言い、教師が英語を言います。

So/it is important/for us/ だから / 重要です　/ 私たちにとって / to take action now. 今、行動を起こすことが Let's help the animals survive. 動物たちが生き残れるように助けましょう	**A**　英語表示 　　　　—OFF **あ**　日本語訳 　　　　● ON **ABC**　カラオケ 　　　　●赤	クリックで、表示形式を変更できる

（3）スラッシュ暗唱（日本語→英語）

　教師は意味のまとまりで日本語を言い、生徒はその部分を、何も見ないで英語にします。表示・非表示の切り替えは一瞬でできます。デジタル教科書ならではの強みです。多様なチャンク音読で、まとまり感覚を育てていきましょう。英語がどんどんナチュラルになっていきます。　　　　（岩井）

変化のあるリピーティングで音読の質が高まる

☑ 好きなところを、何回でも再生可能！

　CDに比べて、圧倒的に便利になったのは、文のどこからでも再生ができるところでしょう。「完璧に読めるようにさせたい」という文 (部分) をピンポイントで再生することができます。授業のテンポを崩さずに、リピーティング、オーバーラッピング (音声にぴったり重ねて同時に読むこと)、シャドウイングが可能となります。

　また、デジタル教科書では、繰り返しの回数を設定したり、ポーズの間隔を調整したりできます。これらの機能のおかげで、音読練習のバリエーションがとても広がります。

There are many reasons, such as hunting, logging, and mining. Surprisingly, our electronic devices are one of these reasons.

カラオケのように、今読んでいるところがわかる

スピード切り替えも簡単に行える

☑ その場でできるリピーティングのバリエーション

　デジタル教科書を使えば、教師は英語を読まなくても済みます。その分、生徒たちの様子に目や耳を配ることができます。便利な道具を活用し、変化をつけながら、音読の質を高めていきましょう。

①チャンクリピート、センテンスリピート
　学年が上がるにつれて、一文の長さがどんどん長くなります。そこで便

利なのが、チャンクリピートです。意味のまとまり（チャンク）でリピート練習ができます。スムーズに読めるようになったら、センテンスリピートに切り替えるとよいでしょう。

> So/it is important/for us/to take action now.

②時間制限をつけたリピーティング

　文と文の間のポーズ時間を調節することができます。この機能を利用して、リピートのスピードを高めるトレーニングをします。あまりモタモタ読んでいると、次の文が始まってしまいます。慣れてきたら、間隔をどんどん短くしていきましょう。

③文字なしリピーティング

　カラオケ機能の変化技として文字を消すこと（文字色を白色に設定）が可能です。文字は音声が読まれると同時に消えてしまうので、集中していないと正確にリピートできません。暗唱の直前の活動としておすすめです。

④通訳リピーティング

　英文は表示せずに、日本語訳のみを表示すれば、英訳トレーニングが簡単にできます。

A 英語表示—OFF **あ** 日本語訳 ● ON **ABC** カラオケ ●赤	So/it is important/for us/ だから / 重要です / 私たちにとって / to take action now. 今、行動を起こすことが Let's help the animals survive. 動物たちが生き残れるように助けましょう

英文も和訳も、ボタン1つで、簡単に表示・非表示が切り替え可能

　デジタル教科書のおかげで、生徒の力に合わせて、細かいステップを踏んで練習を積み重ね、音読の質を高めることができます。　　　　（岩井）

5 「マスキング」で英語らしさをアップさせる

✓ 英語らしさをアップさせるマスキング

　英語は書いてある通りに発音されないことが非常に多い言語です。特に多いのが、「発音されない文字」と「ほとんど発音されない文字」です。そのような文字を書かれている通りに発音したり、余計な母音を入れたりすると、いわゆるカタカナ英語になってしまいます。それを防ぐために、マスキングして、見えないようにしましょう。

　　T ：英語では、同じ子音が続くと、片方が発音されないことがあります。例えば、Take care. の場合、Take care. となります。画面上で、マスクされている部分は発音されません。それを意識して、音読練習をしましょう。

　完全に発音されない部分は黒で、発音されないけれど、発音しようとする口の形にする部分はグレーで、などとルールを決めてもいいでしょう。

✓ 内容の定着につながるマスキング

　英文中の語は、内容語と機能語に分けられます。内容語は、名詞・一般動詞・形容詞・副詞など、はっきりとした意味を持つ語です。それに対して機能語は、be動詞・代名詞・前置詞・冠詞など文の体裁を整えるような語です。

　例えば、Takeshi played the piano in his room yesterday.という文ならば、Takeshi、played、piano、room、yesterdayが内容語です。

　音読練習の過程で、内容を記憶に残したい場合は、内容語を隠すことが

おすすめです。隠す場所をどんどん増やしていっても、スラスラと読めるようになれば、文章の内容はほぼ頭に入っていると言えるでしょう。

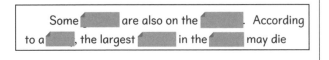

内容語を隠す方法も、いろいろあります。Tokyoのように全部を隠す方法だけではなく、Tokyoのように、最初の1文字を見せるやり方や、Tokyoのように前半分を隠すやり方もあります。

このような音読練習を続けていくと、スムーズに暗唱につなげることができます。

☑ 英語のセンスを磨くマスキング

　内容語を隠した音読は、英文の内容が頭に入っていればできます。それ以上に難しいのが、機能語を隠した文章を正しく読むことです。冠詞は「the」なのか「a」なのか、前置詞は何なのか、英語上級者でも迷う部分のトレーニングになります。

　また、名詞の語尾を隠して、複数の「s」が付くのかどうかを考えさせたり、動詞（の語尾）を隠して、三人称単数現在の「s」が付くのか、過去形なのかを考えさせたりするのも、基礎力アップにつながります。

　　Ｔ：マスキング暗唱に挑戦する人は、先生のところに来てください。
　　　　○秒以内で、正確に読めたら合格です。

　このような個別チェック場面を設定し、生徒の定着度を測ったり、発音のクセを修正したりすることが音読指導においてとても大切です。

　デジタル教科書なら、日本語訳の表示・非表示切り替えも簡単です。生徒の力に合わせた音読練習や暗唱テストを行うことができます。　（岩井）

6 「役割音読」で読める英文を増やす

☑ 会話文で役割を決めて音読！

　デジタル教科書では、会話文のところに役割に応じて再生できる機能があります。その機能を活用して役割音読をしてみましょう。

　役割音読では、読むパートが決まっているので、生徒の負担も多くありません。役割を変えて読ませることで、会話文全体を読ませることができます。

- ☑ 男女で分ける
- ☑ 列で分ける
- ☑ 教室の前後で分ける
- ☑ 出席番号の偶数
- ☑ 奇数で分ける

など分け方のバリエーションも豊富に作れるのが役割音読の強みではないでしょうか。

　まずは、デジタル教科書の音声が読むパートと生徒たちが読むパートを分けてデジタル教科書の英文を見せながら音読させます。役割の数だけ、音読することができます。

　デジタル教科書の機能で英文を読み上げながら英文が消えていく機能があるので、消える設定にすることで、読むスピードにも注意を向けさせるとよいかと思います。

　デジタル教科書のマスク機能を活用する方法もあります。生徒が読むパートの英文の一部を隠して役割音読を行います。役割が変われば、同じ

ようにデジタル教科書のマスク機能を使って英文の一部を隠します。

☑ デジタル教科書の機能を使って、ハードルを上げる！

　生徒の音読に余裕が出てきたら、デジタル教科書の機能を使って少しハードルを上げます。デジタル教科書の音声を活用すると読めた気になってしまうものです。

　なので、次は生徒が自力で読む場面を設定します。

　生徒同士の役割音読でもデジタル教科書のマスク機能を活用することができます。

　デジタル教科書のマスク機能は隠す割合を変えることができるので、徐々に、マスクする量を増やしていくと暗唱に近づいていきます。最終的には英文を全部隠しても読める状態まで持っていきます。

☑ バリエーションを増やしてさらに音読！

　デジタル教科書のマスク機能以外にも、デジタル教科書には、英文を消えるように設定できる機能があります。その機能を活用して生徒同士で役割音読させることもできます。

　デジタル教科書をモニターに表示させることで、生徒の視線をモニターに向けさせ、顔を上げて役割音読をすることで実際の会話に近づけることも可能です。

　このときに、デジタル教科書の音声を流して役割音読、音声を流さないで役割音読と音声のありなしでバリエーションを増やすことができます。

　英文を消す、英文の一部または全部を隠すなどデジタル教科書にはいろいろな機能があるので、役割の分担の仕方と、機能を使い分けることでさまざまな役割音読を行うことができます。　　　　　　　　　（川島）

7 再生機能を使って簡単にRead & Look up

✓ Read & Look upとは？

　Read & Look upは、音読指導の定番と言ってもよい活動です。全国で多くの先生方が実践していることでしょう。意味のまとまりで区切った英文を読んで（Read）記憶し、次に目を離して（Look up）その英文を発話するトレーニングのことです。

　このRead & Look upには、黙読からのRead& Look upと音読からのRead & Look upの2つのバリエーションがあります。

〈黙読から〉

　本文を黙読してから、教師の合図で英文を見ないで繰り返す。

〈音読から〉

　本文を音読してから、教師の合図で英文を見ないで繰り返す。

　どちらがよいというわけではありませんが、私は音読させてから行うことが多いです。

✓ Read & Look upの効果

　Read & Look upにはどのような効果があるのでしょうか。

　この活動を行うには、英文を覚える必要があります。つまり、単語や英文の構造、意味を把握しなくてはならなくなります。通常の音読と比べると、ただ音をなぞるだけになるいわゆる「棒読み」状態になりにくい利点があります。

　また、この活動を続けていくと、「意味のかたまり」を捉える感覚が養われます。長文の内容把握もよりスムーズにできるようになります。

リスニングの面でも効果を発揮します。リスニングでは流れてくる音声を前から順に聞き取り、意味を理解していく必要があります。そのため、「意味のかたまり」を捉える力が重要になります。

もちろん、アウトプットの面でも効果的です。単語を1語ずつつなげていくよりも「意味のかたまり」でつなげたほうがスムーズになります。Read & Look upで「意味のかたまり」を捉える感覚を養うことは4技能を効果的に伸ばすことに役立ちます。

☑ デジタル教科書の機能を活用

さて、このRead & Look upの活動は、デジタル教科書を活用すると簡単に実施できる機能があります。ワークシートを用意する必要もないですし、手軽に実施できます。

ステップ1　1文再生でRead & Look up

デジタル教科書には1文ずつ再生できる機能があります。その機能を使ってまずは、1文ずつRead & Look upをしてみましょう。文字が消えていく機能を活用すれば、顔を上げなくてもRead & Look upができます。

ステップ2　選択再生でRead & Look up

全体の様子を見てうまくできないところだけを選択してRead & Look upをさせましょう。このときはスラッシュをデジタル教科書で表示し、選択したところを集中的にRead & Look upを行います。リズムや間、イントネーションなどを確認しながら行います。文字が消えていく機能を活用するのを忘れずに。

ステップ3　もう一度1文再生でRead & Look up

ステップ2で言えるようになったら、もう一度1文再生でRead & Look upをしましょう。今度は上手にできます。 　　　　　　　　　　（川島）

8 スピード設定を変える だけで Speed Reading

☑ 音読の指導では読み上げスピードを調整する

　デジタル教科書には本文を読み上げるスピードを変える機能があります。生徒が上手に読めないときや難しいフレーズや単語を読むときはゆっくりにしたり、慣れてきたら自然な発話スピードになるようにデジタル教科書の読み上げスピードを調節することができます。この機能は非常に便利な機能です。

　Speed Readingは、なにも早く読ませるだけではありません。うまく聞き取れないところなどは、ゆっくり再生して発話できるようになってからスピードを上げていくこともあります。

　スピードを上げるにせよ、下げるにせよ、内容理解が終わった後に行うことがポイントです。内容がうまく把握できていないとただの「棒読み音読」になってしまいます。

　音読は、「意味」、「文字」、「音」の一致がとても大事になります。「音」だけ、「文字」だけにならないように注意しましょう。

☑ 音声変化の確認をしよう

　音声の読み上げスピードを変更する利点に、リエゾンやリダクションなどの音声変化の確認ができます。

　リスニングを難しくしている原因の1つが音声変化です。デジタル教科書の音声スピードを変えて（遅くして）どのように発音しているのか確認して、目と音で生徒に音声変化の説明ができます。

　生徒が音声変化を理解して、発音できるようになれば、Speed Reading

もスムーズにいくようになります。

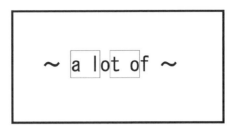

　ここにデジタル教科書の１文表示機能を使って１文だけ表示させて、デジタル教科書のマーカー機能やペン機能を使って音声変化が起こる場所を実際に提示できます。

☑ ゲーム性を持たせたSpeed Readingの方法

　音読が上手にできるようになったら、デジタル教科書の読み上げスピードと競わせてみましょう。

　例えば、ペアでどちらが早く終わるか競わせたり、速く読ませるだけでなく、デジタル教科書のスピードと同時に終わるように読ませたりすることもできます。ゲーム性が出て生徒も熱中します。　　　　　　　　　　（川島）

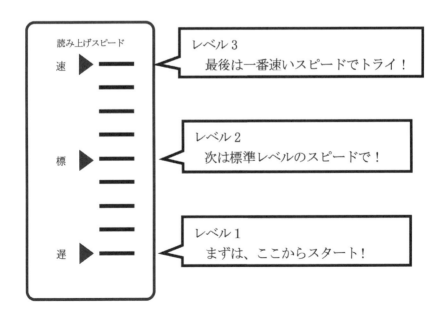

9 安心して取り組める オーバーラッピング

☑ オーバーラッピングとは？

　オーバーラッピングとは音読活動の1つで、教科書の英文を流れてくる英語音声を聞きながら、その音声と同時に発音していく音読法です。その際に、リズムやイントネーションなども完全にコピーするつもりで発音していきます。

　無理やりにでも、デジタル教科書の音声と合わせていくので、自分の苦手な部分や苦手な発音、苦手なリズムなど実感できることがあります。

☑ デジタル教科書でオーバーラッピング

　それでは、デジタル教科書を活用したオーバーラッピングのやり方を説明していきたいと思います。

ステップ1：モニターにデジタル教科書の英文を映し出す

　モニターに注目させることで、生徒の視線が前を向くようになります。全員で同じ画面を見ることは、教師にとっても全体を把握するのに役立ちます。

ステップ2：再生スピードで色が変わるように設定する

　デジタル教科書には、再生スピードに合わせて本文の色が変わる機能があります。その機能を使いましょう。読まれるスピードに合わせて色が変わるので視覚的にも英文のスピードを捉えることができます。

ステップ3：最初は遅めの再生スピードで体験させる

　最初は読みのスピードを捉えることが難しい生徒もいるので、遅いスピードから始めてみましょう。本文の色が変わることにも慣れさせていきます。

ステップ4：徐々に再生スピードを上げていく

　慣れてきたら、読みのスピードを上げながら何度か行ってみましょう。スピードを変えることで慣れさせるとともにオーバーラッピングを複数回取り組ませます。

オーバーラッピングの３つの効果

①リスニング力の向上

　教科書の英文を確認しながら英語音声と同時に読んでいくオーバーラッピングでは、リスニング力が上がります。文字を追いながら、発話するためには、文字と音の一致が必要になります。発音できない音は聞こえないとも言われますので、オーバーラッピングを続けていくと英語音声を処理する能力がアップします。

②英語特有のリズム、イントネーションの改善

　英語には英語特有のリズムやイントネーションがあります。日本人にはなかなかこのリズムやイントネーションに慣れることが難しいようです。

　教科書レベルの初歩的な英語を使ってオーバーラッピングを行うことで、ゆっくりと英語のリズムやイントネーションを獲得させていきましょう。

③スピーキングスピードへの慣れ

　オーバーラッピングでは、デジタル教科書の英語音声に合わせて発話していくことになります。そのため、スピーキング力の向上も見込まれます。

　英語音声と同時に発話できるようになってくると、発音もよくなっていき、リエゾンや黙字（発音しない文字）なども認識できるようになります。

（川島）

10 シャドウイングでスピーキング力を身に付ける

☑ 難しい！ でも効果的なシャドウイング

シャドウイングとは、音声が流れたらすぐに、それに重ねて英語を言う練習です（文字を見て行うシャドウイング、見ずに行うシャドウイングがありますが、ここでは「文字を見ずに行うシャドウイング」として進めます）。

これはリスニング力とスピーキング力を同時に鍛えるために有効なトレーニングです。デジタル教科書を活用することで、簡単にシャドウイングまで生徒たちを導くことができます。

☑ デジタル教科書を使ったシャドウイングまでのステップ

シャドウイングを行うまでに、適切なステップを入れましょう。

ステップ1：新出単語の発音と意味の確認

デジタル教科書のフラッシュカードですぐに練習ができます。

ステップ2：スラッシュを入れての音読練習

スラッシュの表示・非表示もクリック1つで可能です。

ステップ3：変化をつけたリピーティング

日本語訳の表示も活用し、内容理解も同時に進めることが可能です。

ステップ4：スピードを変化させながらのオーバーラッピング（同時読み）

オーバーラッピングとは、教科書の文字をしっかり見ながら、聞こえてくる音声と同時に音読することです。

デジタル教科書のスピードコントロール機能を活用し、少しずつスピードを上げていきましょう。

ステップ5：音読のスラスラ度の確認（タイム測定）

　制限時間を設定し、流暢度を測定しましょう。シャドウイングを行うためには、少なくとも1.5倍のスピードで読めるようになっていてほしいです。

表示：ON

So/it is important/for us/
だから / 重要です　/ 私たちにとって /
to take action now.
今、行動を起こすことが
Let's help the animals survive.
動物たちが生き残れるように助けましょう

☑ シャドウイングに超便利！

　多くのデジタル教科書には、カラオケのように読んでいるところの色が変わる機能があります。変化する文字の色を白にすることで、もともとあった文が消えるので、暗唱に向けた音読練習が可能となります。これがシャドウイングに適しています。

| ABC | カラオケ ●赤 | | 文字色を白に 変えると | | So/it is important/for us/ to take action now. |

　この機能を活用し、まずはチャンクから練習をします。チャンクの次は文で練習をします。

　慣れてきたら、英語の文字を完全に非表示にして行います。

　スピードを遅めにして、長い文も正確に言えるようにしましょう。

　英語の文字が完全にない状態では難しすぎる場合は、非表示部分を減らすことも可能です。ヒントとして日本語訳のみ表示も可能です。

　シャドウイングは極めて難しい活動です。デジタル教科書の機能をフル活用し、小さなステップを踏んで、あせらず取り組みましょう。上手にシャドウイングができるようになると大きな自信をもたせることができます。

（岩井）

変化のある音読で、力を付ける！

1 ねらいを明確にした音読活動をしよう！

　デジタル教科書をはじめとする教材の進化・発達のおかげで、授業のテンポを崩すことなく、音声や動画を活用した授業を展開することができるようになりました。単調になりがちな音読活動に多様性を与えることができます。教科書音声との競争音読、アニメーション動画の音声をミュートしてのアフレコ音読、段階を踏んだ暗唱指導……。楽しい活動が気軽に展開できます。

　そこで大切になってくるのが、活動の目的を意識することです。「楽しい」「盛り上がる」だけで終わってはいけません。活動の結果、生徒たちはどんな力が身に付くのか、どんな力が伸びるのかを明確にする必要があります。

　その成長を教師と生徒がともに感じることで、さらなる学習意欲につながるのです。「前よりも音読のスピードが上がった」「発音が明確になった」「イントネーションが自然になった」など、成長を感じられるようにすることが大切です。

2 ゴールの提示と個別チェック

　生徒が成長を実感するために、まず大切なのがゴールの提示です。例えば、流暢さを高めることを狙いとする場合なら、「このページを13秒±3で読む」などでしょう。そのゴールを示した後、具体的な練習に入ります。

　ゴールを示しているからこそ、「リエゾンを意識すると速く読める」「内容語ははっきり発音し、機能語は軽めに、ぼんやりと発音する」などのアドバイスがすっと生徒たちに入っていきます。

　そしてゴールの提示とセットになるのが個別チェックです。あれこれ評価せずに、事前に提示したゴールを達成したのかどうかを明確に判定しましょう。一時に一事です。ダメな場合は再挑戦の機会を保障しましょう。クリアした場合はさらに高いゴールを示すか、別の課題を与えましょう。

　最終的には、教師はゴールを示すだけで、そこに至るまでの練習方法は自分で選んで実行できるようになるのが理想です。

（岩井）

第 5 章

デジタル教科書で行う
文法指導

「拡大」や「書き込み」機能を使おう！

☑ 文法練習の課題を「拡大」して見せることができる

　ある説明をするときに、以前であれば、教師の教科書を生徒に向け、「ここにある下線に、いろいろな言葉を入れて言ってみましょう」と示したりしていました。

　また、教科書を拡大コピーし、黒板に貼ったり、改めて練習用に、スライドを作ったりしていましたが、デジタル教科書には、文法練習の課題を大きく提示する機能が備わっています。その機能を使って拡大して提示しましょう。

> T：「例にならって言ってみましょう」とありますので、まずは、み
> 　　んなで言ってみましょう。せーの。
> Ss：Takeshi likes to play soccer.
> T　：Good. これを、No.1. Mayumi ... で言っていけばいいんですね。
> Ss：Mayumi likes to play the violin.
> T　：意味は？
> Ss：マユミは、バイオリンを弾くのが好きです。
> T　：Yes. Mayumi likes to play the violin. 言ってみましょう。
> Ss：Mayumi likes to play the violin.

　このように、デジタル教科書の画面を見ながら行うと、生徒の目線が上がり、誰がしっかり学習活動をしているのか、教師から見てわかります。そのためのICT活用だと考えます。

また、行う際は、テンポよく、生徒に発問や指示を投げかけるようにします。あくまでも練習なので、口慣らしを行い、その後、言語活動にもっていきます。

☑ 画面に「書き込み」ができる

　デジタル教科書では、その画面に、「書き込み」をすることができます。
　私のパソコンはタッチパネルで、「線」を選択すると、パソコンの画面上に、指で丸を付けたり、下線を引いたり、文字を書くことができます。
　文字を書くときは、慌てずに、ゆっくり丁寧に書きます。

Practice
❶ 例にならって言ってみましょう。
例）Takeshi likes to play soccer.

例	① Mayumi	② Kenta	③ We
	play the violin	go camping	sing songs

　　Ｔ　：ここが、wants になったらどういう意味になる？
　　Ss：タケシは、サッカーをしたい。
　　Ｔ　：Yes. では、今度は、wants にして言ってみよう。Mayumi ....
　　Ss：Mayumi wants to play the violin.

　これからは、画面が黒板のような働きをし、今まで板書してきたことと同様に、デジタル教科書の画面に効果的に書き込みを行う技量を教師は養わなくてはいけないと考えます。
　　　　　　　　　　　　　　　　　　　　　　　　　　　　　（瀧沢）

2 イラストを見て言う、イラストを見て書く

☑ 擬似的なアウトプットを鍛えよう

　デジタル教科書の挿絵やイラストを使って、文法知識が身に付いたか確認する活動を紹介します。

　最初のステップとして、教えたい英文とそのシーンのイラストを見せ、正確にリピートさせます。マスキング機能を使って、英文の見せる部分を少しずつ減らし、最終的には暗唱できるようにします。

　次の授業では、イラストだけを見せて、その英文を生徒が言えるかをチェックします。教師が個別にチェックしてもよいですし、生徒同士でチェックしてもよいでしょう。イラストだけを使うことで、「意味→英語」変換のトレーニングになります。日本語を提示してしまうと「日本語→英語」の翻訳にとどまってしまいます。

　「意味→英語」の変換力を高めるために、別のイラストを見せ、それを同じ文法事項を使って言えるか挑戦させます。ハードルが高い場合は、生徒同士で相談させてもよいでしょう。

　イラストなので、解答が1つにならないこともあると思いますが、それもOKとします。ただし、イラストの抽象度が高すぎて、適切な英文を引き出せそうもないときは、使用する英語を指定してもよいでしょう。

☑ 「言えても書けない」を経験させよう

　イラストを見て、それに合う英語を言えるようになったら、それを英語で書くように指示しましょう。多くの生徒が、「言えても書けない」経験をします。単語のスペリング、動詞の活用、単数か複数かなど、不安な部

分が明確になります。確認のために、教科書や辞書、タブレットなどを使うよう指示します。

☑ リテリングや自己表現へのステップとして位置付ける

教科書のイラストを使って、I like summer.となっている部分を、John likes summer.のように主語を変えて言う、「一人称→三人称」への変換トレーニングもリテリングへの大切なステップとなります。三人称単数のsや代名詞選択の正確性が高まります。

リテリングを含め、イラストを見て英語を言ったり書いたりする活動は、自分が表現したいことをスムーズに言うためのトレーニングに過ぎません。そこで止まるのではなく、身に付けた文法知識を使ってリアルな言語活動につなげていきたいものです。

例えば、want toを学習する単元では、本当に自分がしたいことを表現したり、友達が本当にやりたいことを聞き出したりする活動を行いましょう。

デジタル教科書は、視覚情報の提示においてすばらしい機能がありますので、効率よくトレーニングを行い、生徒が楽しめる言語活動に多くの時間をとれるようにしたいものです。　　　　　　　　　　（岩井）

えっと、
She likes summer…?

デジタル教科書のイラストを使って英語で言わせる！

3 練習したら、言語活動する！

☑ 練習したら、「自分のこと」で言わせる

　現行の学習指導要領のポイントとなる言葉は、ずばり「言語活動を通して」です。「練習」で終えるのではなく、生徒の考えや気持ちを伝え合うなどの活動を通して、言語材料を習得させます。

　そこで、練習を終えたら、自分のことで言わせるようにします。以前は、例えば、イラストを見ながらMeg is going to watch a soccer game next Sunday.のように文を作る「練習」をしてきました。

　しかし、Megって誰なのでしょう。Megはどこにいるのでしょうか。つまり自分のことではなく、架空のことを用いて英文を作る「練習」をしてきました。そうではなく今回の学習指導要領では、「自分の考えや気持ちを伝える」ということを重視しているのです。現在の教科書は、概ねそのような課題設定になっているかと思います。

☑ 教師が最初に語って例を見せる

　例えば、教科書に、次のような課題があるとします。

①例にならって、自分の好きな本や漫画、歌などについて、友達と
　伝え合いましょう。

例) A: I like Anpanman. It was created by Yanase Takashi.
　　　Anpanman is honest and kind. I want to be like
　　　Anpanman.

B: You like Anpanman. I like ×××. Their songs are nice.

②伝え合ったことを書きましょう。

このままストレートに、課題に入ってもいいのですが、対話する「目的や場面、状況」を考え、まずは教師が語って見せます。その後、「みんなはどうかな？」と投げかけ、場面や状況を作り出します。

T : What do you like to do in your free time? I like reading books. Now, I'm reading this book. It was written by Dazai Osamu. Last summer, I visited Aomori. Dazai is from Aomori so I am interested in his books and began reading them. "Run, Melos" and "No more human" are well-known. Do you read books? Do you read comic books? or do you listen to music? I want to know about you. O.K. Look at the screen.

このように、生徒に投げかけておき、必要に応じ、どんな本や漫画、音楽が好きか、数名に尋ねるなどします。

その後、デジタル教科書で課題を提示し、活動イメージをもたせます。

☑ 生徒同士で伝え合った後、最後は書かせる

自分の好きな本や漫画本、歌などについて、ペアでやり取りをします。教師は机間指導を行い、生徒の様子を観察したり、指導したりします。

ペアを替える等、数回行った後、数名に発表させたり、ペアについて伝えるレポーティング活動などを行ったりします。

最後は、自分が話したことを書かせて終えます。 （瀧沢）

4 キーセンテンスを 覚える・言う・書く

☑ キーセンテンス（基本文）を覚えさせる

　中学校の英語の教科書には必ずといっていいほど、そのセクションで学ぶべき文法事項がキーセンテンスの形で掲載されています。これはデジタル教科書でも同じです。

　このキーセンテンスは、各セクションで1つの文法事項として扱われることが多いです。例えば、to不定詞なら「名詞的用法」「形容詞的用法」「副詞的用法」のように3つのセクションに分かれて導入されます。

　キーセンテンスを覚えるといっても何を覚えさせればよいのでしょうか。それは次の3つです。

1　形式（Form）
2　意味（Meaning）
3　使用場面（Situation）

　特に3つ目は大事なことなのですが、意外と疎かにされているように感じます。使用場面がわからなければ、いつ使うのかがわかりません。

　キーセンテンスを使って、この3つを説明できるようにしましょう。説明できなければ覚えたとはいえません。

☑ キーセンテンスを言わせる

　生徒がキーセンテンスを覚えたら、次にすることは言えるようにすることです。どのように行うかというと、キーセンテンスの日本語訳を表示するだけです。

　表示された日本語訳を英語で言えればよいわけです。ただ言わせるだ

けでは面白くないので、ここではデジタル教科書を活用したアイデアを紹介します。

①該当する文法項目を隠して言わせる

　基本は日本語訳を表示して言わせるのですが、ここではキーセンテンスの英文を表示させて、該当する文法事項を隠したものを見せて、生徒に言わせます。

②キーセンテンスの主語だけ見せて言わせる

　これも1つ目と同様にキーセンテンスの英語を見せて言わせます。そのとき、主語以外は全て隠します。

③キーセンテンスの日本語訳を一部表示して英語を言わせる

　キーセンテンスの該当する文法事項だけデジタル教科書のステッカー機能を使って日本語にしておき、発話させます。

④キーセンテンスの日本語訳を表示して英語を言わせる

　最後は、キーセンテンスの日本語訳を全て表示して、生徒に言わせます。発話させるときは決して「棒読み」にならないように注意しましょう。

☑ キーセンテンスを書かせる

　キーセンテンスを覚えて、言わせたら、次は書かせましょう。ここまでくると、4技能をフル活用した活動になります。

　どのように書かせるかというと、ディクテーションを行います。これで、リスニングとライティングの技能を統合した活動になります。

　ディクテーションをするときは、キーセンテンスの音声スピードを速めに設定して行いましょう。一度でできなければ、音声スピードを普通、遅くとハードルを低くしていきます。最初から遅いスピードでディクテーションをさせてしまうと、速いスピードでキーセンテンスを書けた生徒に空白の時間が生まれます。

　また、「キーセンテンスを言う」と「キーセンテンスを書く」順番ですが、必ず、言わせてから書くようにしましょう。まずは英文の音から入ることが大切です。

（川島）

5 説明動画と端末を使って文法の解説プレゼン

☑ 生徒にメモを取らせながら解説を聞かせる

　第3章で紹介したノートテイキングのスキルは、いろいろな場面で活用できます。ここでは、文法の解説を聞きながらノートテイキングを行う活動を紹介します。

　デジタル教科書の文法の解説は日本語で行われている場合がほとんどなので、ノートテイキングの技術を高めるうえでもよい練習になります。

　やり方としては、教師用のデジタル教科書のコンテンツの中にある文法についての説明動画を視聴させます。

　動画は長いものでも10分弱のものなので、授業の中の1つの活動として取り組むにはちょうどよい長さで作成されています。

　生徒にはあらかじめ、ノートテイキング用のワークシートを配付しておきます。

　準備ができたら、動画を視聴しながら、大事だと思われるところをノートテイキングしていくだけです。途中、生徒同士でアイデアをシェアさせる時間も取りましょう。共同的な学びへとつながります。

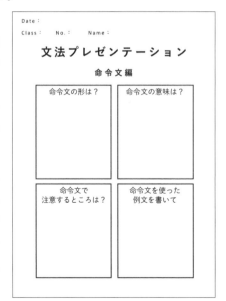

☑ 情報を追加してわかりやすい解説を作る

　デジタル教科書の文法解説動画だけでは、情報が足りないときもあります。そんなときは、1人1台端末の利点を生かして、インターネットで検索させてみましょう。

　条件は、「英語が苦手な友人にわかりやすい解説を作る」です。この条件をつけるだけで、生徒の頭が動き出します。「わかりやすさ」をペアで競わせてもよいでしょう。

　実際には、始めたばかりの頃は動画の内容をそのまま使う生徒が多かったのですが、机間指導をしながら、「これってどういう意味？」「これでわかりやすくなってる？」など、生徒に声かけ（もしくはツッコミ）を入れながら、生徒の頭の中を活性化させます。

☑ 最後は文法プレゼンテーションでしめくくる！

　せっかく作った文法の説明もそのまま終わらせるのではなく、関連した文法事項についてプレゼンテーションをさせてみましょう。

　例えば、疑問詞についてまとめてプレゼンテーションをしてみる、未来表現についてbe going toとwillの使い方や違いなどをまとめさせるなど、関連する項目をまとめて行います。

　生徒から「もう一度前の動画を見せてください」と言われることもあります。デジタル教科書にある文法説明動画なので、すぐに見せることができるのもデジタル教科書を使用する強みです。

　生徒はこれまでに作成したノートテイキングのメモやそのメモをもとにパワーポイントやGoogleスライド、またはロイロノートなどを活用して生徒に関連した文法項目についてのプレゼンテーションを作成させます。一度作成している文法プレゼンテーションを再活用させることができます。

　また、例文を生徒のオリジナルに変更させることもできます。　（川島）

文法指導は
教師の腕の見せどころ！

1　理解は一発で、定着は少しずつ

　かつて、尊敬する先輩の英語教師から教えていただいた言葉です。教えたい言語材料がどんな意味（役割）を持つのか、生徒が直感的に一発で理解できるように、適切な状況や場面を設定し教えることが重要であるとアドバイスをいただきました。

　「あ、そういうことね！」とストンと腑に落ちる組み立てで文法事項を導入するよう意識するようになりました。そして、生徒自身が活用できるようになるまで、つまり定着するまでには、繰り返しのインプットとアウトプットが必要だとも教えていただきました。それが「定着は少しずつ」の意味です。

　デジタル教科書や教科書付属のDVDには、文法を紹介するために上手にまとめられたミニドラマ、ショートアニメが入っています。動画なので、会話が行われている状況が明確に伝わります。積極的に活用することで、教師の授業準備の負担を軽くすることができます。

2　文法こそ正確なコミュニケーションに必須

　文法とコミュニケーションは、対立する概念、もしくはハッキリと区切られた別の領域だと思われることがしばしばありますが、そうではありません。正確なコミュニケーションを実現するためには、文法知識が必要不可欠です。

　例えば、助動詞を使い分けることで、自分の意図、思いをより伝えることができます。あるいは、比較表現を身に付けることで、より詳しく描写することができるようになります。

　そう考えると、私たち教師は、「こんなことを言いたい！」「こんなことを伝えたい！」と生徒たちが思うような場面や課題を設定することが大切だとわかります。

　例えば、「映画に誘われたのだけれど、正直行きたくない。相手を傷つけずに断るには何て言う？」などの架空の設定を授業で扱うのはどうでしょう？　文法を学ぶことで、より豊かなコミュニケーションが実現できるのです。　　　　　（岩井）

第**6**章

デジタル教科書でできる
スピーキング＆
ライティング指導

ピクチャーディスクライビングも準備なしでできる

☑ ピクチャーディスクライビングとは？

　ピクチャーディスクライビングという活動を聞いたことがあるでしょうか。

　簡単に説明すると、ピクチャーディスクライビングは、1枚の絵や写真を英語で説明していく活動です。

　デジタル教科書には、コンテンツの写真や絵、ピクチャーカードなどをその場で選んで活用できます。

　準備もほとんどかからず、モニターに表示するので、生徒も見やすくなり、活動がとてもやりやすくなりました。

　画像や絵がすぐに使えるのもデジタル教科書の良さではないでしょうか。

☑ 時間制限を設けてチャレンジ！

　それでは、実際にピクチャーディスクライビングのやり方について説明します。デジタル教科書から選んだ写真やイラストをモニターに表示させて準備します。

タイプ1：写真（イラスト）を描写する

　英語で説明する時間を1分（場合によっては2分）とります。説明する生徒、説明を聞く生徒に分かれます。説明を聞く生徒はモニターに背を向けて見えないようにします。これで準備は終わりです。

　説明を聞く生徒は、説明される英語を聞いて絵を書いていきます。聞き

終わったときに、表示されている写真（イラスト）と同じようになっていれば合格です。

　終わったら、表示されている写真と見比べて、うまく言えなかったところなどをペアや学級でシェアしながら、英語の表現について学んでいきます。

タイプ２：写真やイラストを使って、人なり物なりを説明する

　タイプ２の場合は、説明の順番が大事になっていきます。この説明の順番を指導しましょう。２分間で説明する内容をまとめて１分間で説明させます。

　ステップ１：ジャンルの説明

　ステップ２：形・大きさ・色

　ステップ３：どんな場面で使用するかなど

　このようにステップを踏んで説明できるようにしましょう。

☑ 説明の仕方を指導する

　タイプ１の写真（イラスト）描写タイプのピクチャーディスクライビングを行う場合は、以下の表現を事前に指導しておきます。

　　This is a photo of～（この写真は～です）

　　In the center/middle of the picture（写真の中央には）

　　On the right side/left side of the picture（写真の右側／左側には）

　　In the foreground/background（手前／奥には）

　　Upper(Top) left/right（左上／右上）

　　Lower(Bottom) left/ right（左下／右下）

　基本的な「位置」を表す英語表現を導入するにはピッタリな活動です。

（川島）

2 リテリングはピクチャーカードを使って行う

☑ リテリングとは？

リテリングについて簡単に説明をします。

リテリングは、キーワードや絵などをヒントにしながら、学習した英文（教科書の英文になることが多いかと思います）を再生する活動です。

単に暗唱するのではなく、英文が持っているメッセージを伝えたり、自分の考えや意見を付け加えたりします。

さらに、聞いている人に質問しながら進めたり、ある人物（教科書の登場人物など）になりきってリテリングしてみたりと、アレンジもできる活動です。

リテリングの活動には、「語彙や表現の定着」「内容理解の促進」「スピーキング力の向上」の3つの大きな利点があります。ぜひ、中学校で行いたい活動の1つです。

☑ デジタル教科書でリテリング

それでは、実際にどのように行っているか紹介します。

デジタル教科書にはピクチャーカードが機能としてあります。この機能を活用します。リテリングを行うときには、このピクチャーカードを最大限に利用し、ちょっとしたプレゼンテーションに近い形で行います。

生徒の端末にピクチャーカードを送信して、スライドやロイロノート等にピクチャーカードを貼り付けて見せながらリテリングを行います。生徒によっては、ピクチャーカードだけでは足りないという生徒もいるかと思います。その場合は、インターネットで必要な画像を探して使わせましょ

う（著作権には留意します）。

　１つのセクションであれば、使うピクチャーカードは多くて４枚程度かと思います。時間も１分間と決めて行わせます。

　最初に教師やALTのデモンストレーションを見せて、リテリングのやり方をイメージさせておくとよいでしょう。

☑ リテリングで身に付けさせたい力

　リテリングの活動を通して生徒に身に付けさせたい力が３つあります。

1　パラフレーズ力

　パラレースとは一言で言うと「言い換え」のことです。自分の知っている単語でシンプルに表現できるようにします。

　語彙の少ない生徒にとって、この「パラフレーズ力」はぜひ身に付けさせたい力の１つです。普段の授業の中でもAnother word?と質問しながら、授業を行うと生徒の語彙力強化にもつながります。

2　要約力

　要約するためには各パラグラフの要点をまずつかませます。次にパラグラフの順番に沿って、要点を並べて短い文章にまとめていきます。

　リテリング活動を行うときに必ず必要になる力です。単元の各セクションを要約できる力を何度も何度も行うことで身に付けさせていきましょう。

3　発表力

　人前で発表するには、ある程度の慣れが必要になります。説得力のある説明や提案をするためには、話し方や振る舞いも大切になります。効果的な発表をするために、しっかりと準備をして、ただ台本（ここでは要約した文章）を読むだけで終わらせないようにしたいものです（もちろん、最初は読むだけでも大丈夫です）。

　また、他の生徒の発表から、よいところを積極的に真似をさせることも大切です。

　　　　　　　　　　　　　　　　　　　　　　　　　　　　　　（川島）

オリジナル英文作りは マスク機能を活用しよう

☑ 基本文を活用して自分だけのマイ基本文を作る

　第5章4でもキーセンテンス（基本文）について紹介しましたが、ここではもう1歩踏み込んだ活動を紹介したいと思います。基本文を覚えて、言って、書けるようになったら、自分だけのオリジナル基本文を作らせてみましょう。

　自分だけのオリジナル基本文を作ることは、学習内容を自分ごととしてとらえることにつながります。自己関連性が高まると生徒の動機づけになり、活動への取り組みも意欲的になります。

　デジタル教科書を使用しなくてもできる活動ではありますが、デジタル教科書を活用することで、より手軽に行うことができます。やり方は非常に簡単です。デジタル教科書のマスク機能（隠す機能）を使います。

　導入した基本文の新出の言語材料以外をすべて隠してしまうのです。

　その隠したキーセンテンスをスクリーンショットや切り抜きの機能を使って切り取ります。切り取った画像を生徒の端末に送信し、端末等を活用して生徒オリジナルの「マイ基本文」を作ってもらいます。

　でき上がったら、教師の端末に送信してもらい、全体でシェアしていきます。

　使用場面を意識させたければ、「マイ基本文」の前後に1文付け加えさせてその英文が使われる場面を意識させることも可能です。

　この活動はノートに直接書かせることもできるので、場面や状況に応じて使い分けるとよいでしょう。

☑ 段落内の構成を活用して自分だけの英文を作る

　キーセンテンスの活用の次は、パラグラフ単位で同様の活動を行ってみましょう。教科書の英文は生徒にとってはお手本となる英文のかたまりです。この活動を通して英文のつなげ方について理解を深めることができきます。

　英語は基本的には、トピックセンテンスで自分の言いたいこと、伝えたいこと、一番大事なことを述べます。

　次に、トピックセンテンスを支える形でサポートセンテンスがきます。サポートセンテンスは、トピックセンテンスで述べたことの定義や根拠、事例や手順などを述べる働きをします。

　以上の活動もデジタル教科書を活用して、活動で使用するパラグラフだけをモニターに提示すれば、生徒の視線を1点に集めることができます。こうすることで、生徒がどこを学習しているのかが一目でわかります。

　英語のパラグラフの構成を理解することは、第6章2のリテリングを行うときにも役立ちます。生徒に覚えさせたい知識の1つです。

　やり方は「マイ基本文」の作り方と同様です。必要なところ以外はすべて隠してしまいます。その画面を切り取って生徒のタブレットやパソコンに送信するだけです。もちろん、モニターを見ながらノートに書かせることも可能です。

（川島）

基本文 ：	I want to be a cook.
マスクを使って ：	I want to be ███████.
	↑デジタル教科書の
	マスク機能を使用して
	単語を隠す

アクティブリスナーを育てるリアクション

 アクティブリスナーを育てる！

　聞き上手は「話させ上手」です。適切なタイミングでうなずきや相槌を入れ、相手の言ったことを繰り返したり、自分の解釈を伝えたり、時に質問をして話を広げたり、深めたりできる人は話させ上手です。相手に気持ちよく話してもらうスキルは、言語を問わずコミュニケーションにおいてとても重要なものです。

　しかし、このようなリアクションは意図的に教えないと、身に付きません。次のような活動を行い、頭で考えるより先に、言葉が飛び出すようにさせましょう。

 ポーズの長さを調節して、チャレンジさせる

　デジタル教科書では、英文と英文のポーズの長さの調節が可能です。そのポーズの間にどんなリアクション（一言）を入れるか考えさせましょう。

ポーズ間隔

【リアクションの例】

・Uh-huh.（うんうん）・Wow!（わぁ！）
・Oh, really?（そうなんだぁ。本当に？）・I see.（なるほど）
・I think so, too.（私もそう思う）
・That's great!（それはすごい！）・Wonderful!（すご～い！）
・That sounds good!（いいね！）・No way!（まさか！そうなの？）
・I didn't know that.（知らなかった）
・Exactly.（その通り）・Tell me more.（もっと教えて）

教科書本文がもともと一人語りなら、その話を聞いている人物になりきって相槌を入れるよう指示しましょう。複数の人物による対話なら、その場に居合わせた人としてリアクションを入れるよう言います。

　考える時間をとった後、次のように指示します。

　　T：今から英文を流します。２人の会話の空白部分に、適切なリアクションを入れて会話に活気を与えてください。

　デジタル教科書の中には、１人の人物の音声を流し、もう一方をミュートする機能を持つものがあります。この機能を利用し、もともとは存在しないセリフやリアクションを入れながら、話を展開させる活動を行うこともできます。

　　T：アサミとアンディの会話を流しますが、アサミの声は流れません。自然な会話になるように、適切なセリフやリアクションを入れてください。

Andy : What are you doing, Asami?
S1　　: I'm reading a book about SDGs.
Andy : That sounds interesting.
S1　　: Yes. I'm interested in food loss problems.

　英語に自信がある生徒には、リアクションだけでなく、どんな質問をすれば、会話がもっと広がっていくか、深まっていくかを考えさせてもよいでしょう。　　　　　　　　　　　　　　　　　　　　　　　　　（岩井）

5 教科書の文を使って疑問文を作る

✓ 1文を使って疑問文を作ろう

　自分が指導している生徒たちがどうしても苦手にしていたことがあります。それは疑問文を作ること。チャットやディスカッションをしていてもなかなか上手に相手に質問ができなかった現状がありました。

　そこで思いついたのがこの活動です。デジタル教科書を導入する前はパワーポイントを使って行っていましたが、デジタル教科書には本文を表示する機能があります。

　しかも1文ごとに表示する機能もあります。この機能を使うとモニターの画面には、教科書の1文以外に余白が多くあります。ここに活動のヒントがありました。

　やり方を説明します。まずは、教科書の本文を1文だけ表示させます。その本文が答えになるような疑問文を作るだけです。デジタル教科書を使用する前は、生徒はノートに疑問文を作っていました。

　今は1人1台端末の時代ですから、生徒にはタブレットで行わせてもよいでしょう。もちろんノートに書いても構いません。書き終わったら生徒自身のタブレットで撮影させて、教師に送信してもらえばよいのです。

　デジタル教科書の大きな利点は全員に同じものを見せられることです。黒板に板書する時間もかからず、パワーポイントを作成する時間も必要ありません。ただ、モニターに映せばいいだけです。この長所を活用しない手はありません。

☑ wh語の種類を意識させる

さて、モニターに1文を映して、生徒はその映された英文が答えになるような疑問文を作る活動ですが、ポイントがあります。

情報の種類を特定することです。例えば以下の例を見てください。

She played the piano.

この英文が答えになるような疑問文を考えてみましょう。

Who played the piano?
What did she play?
What did she do?

ここで、さらに映した英文にはない情報を尋ねさせることもできます。

When did she play the piano?
Where did she play the piano?

☑ さらに1文をプラス

ここまでは、モニターに映した英文が答えになるような疑問文を作る活動でしたが、さらに進めて、映した英文の後に1文をプラスさせることもできます。これで3文での会話表現になります。

モニター上で実際に活動を見せながら説明すると、理解も早くできます。積極的にデジタル教科書の機能を活用しましょう。

T : What did she do?
　She played the piano.　（モニターに映した1文）
T : Oh, Can she play the piano?（←プラスした1文）

（川島）

6 日本語表示機能を使って瞬間英作文

☑ 日本語を見て口頭で英語を言う！

　デジタル教科書には、教科書本文の日本語を表示する機能があります。この機能を使って瞬間英作文をしてみましょう。

　やり方は、簡単です。デジタル教科書で日本語訳を表示させておき、英語を隠しておくだけで準備完了です。

　あとは、生徒が日本語訳を見て英語を言えばいいだけです。非常に簡単ですが、教科書の復習にもなりますし、意味のかたまりごとに行えば、生徒の負担も減ります。

　生徒が発話し終わった頃に英語を表示すれば、すぐに答え合わせもできます。

　これまではワークシートに教科書の本文と日本語訳を載せたものを使っていましたが、デジタル教科書を使うとその手間も省け、時短になります。

☑ 日本語を見て英語を書く！

　デジタル教科書の日本語訳を活用するもう1つの活動は書かせることです。前述の瞬間英作文のライティング版です。

　教科書本文の全文を書かせるのは時間がかかるので、重要単語や、押さえておきたい言語材料、新出の言語材料が含まれる英文だけでもよいかと思います。

　これも意味のかたまりごとに行うことでそれほど時間をとらずに活動させることができます。

モニターに、教科書本文の日本語訳を表示させます。英語は隠しておきます。意味のかたまりごとに生徒のノートに英語で書くように指示を出します。書き終わったら顔を上げさせることで、全員の状況の把握ができます。

　全体が書き終わった頃に英語を表示し、答え合わせをさせます。この時に生徒の間違いをきちんと拾い上げましょう。

☑ 慣れたら本文全体で瞬間英作文！

　意味のかたまりごとに日本語を見て英語にしていくことができるようになったら、教科書の本文全体で瞬間英作文をしてみましょう。まとまりのある英語を発話する練習にもなりますし、英語の語順や語句の並べ方の習熟にもつながります。

バージョン１：全員で瞬間英作文

　まずは、全員でモニターの日本語訳を見て、瞬間英作文にトライしてみましょう。苦手な生徒も周りの友達の発話を聞いて真似できます。

バージョン２：ペアで瞬間英作文

　生徒同士ペアになり、じゃんけんをします。じゃんけんで負けた生徒がモニターに背を向けます。

　勝った生徒は、モニターを見て、表示されている日本語を読み上げます。負けた生徒はその日本語を英語にしていきます。終わったら役割を交代して同様に進めます。

　英語を発話するほうが困っていたらヒントを出してあげましょう。

（川島）

自分に合った目標設定と活動がやる気を生む

1 努力の継続の可視化、成長・向上の可視化

　ずいぶん前のことになりますが、東京で行われた「英語教育達人セミナー（通称達セミ）」で胡子美由紀先生の講座に参加しました。その講座の中で紹介してくださったさまざまな活動の中に、「1 minute monologue（1分間モノローグ）」というものがありました。

　これは、あるテーマに基づき、1人が英語でスピーチし、パートナーが何語話したかを記録する活動です。1分間に何語話したのか（WPM・Word Per Minute）が目に見える形で記録されます。そして、この活動を継続することで、自分のスピーキング力の向上が視覚的に実感できます。さらに、自分に合った目標を設定することも可能となります。

　自分がどのくらいの力を持っているのか、そしてどのように成長しているのかを可視化する仕組みは汎用性がとても高いです。1 minute monologueはスピーキング力の可視化ですが、ライティングにも応用可能です。「○分間に□語書けるか」を記録し続ければよいのです。

　自分の学習が記録されること、そのものにも大きな意義があります。それは努力の継続の可視化です。「長期間、よく頑張ってきたな」と自分を誇ることができます。

2 生徒のレベルに合った個別チェックが簡単に実現

　デジタル教科書はクリック1つで、スピードの調整、字幕の有無、マスキングをつける・はずすなどを行うことができます。英語が得意な子は、「スピード1.5倍、英語字幕なし、日本語字幕ありの暗唱に挑戦します」と、暗唱チェックにチャレンジできます。

　苦手な子は、「スピードをやや遅くして、英語字幕ありで、音読テストを受けます」と自分に合ったレベルでチャレンジできます。生徒のリクエストにその場で応えることができるのです。

　生徒1人1人のレベルに合わせた練習や個別テストが準備なしで、すぐに可能となりました。デジタル教科書は生徒にとっても教師にとってもなくてはならない道具の1つになっていくでしょう。　　　　　　　　　　　　　　　　　　（岩井）

おわりに──デジタル教科書のメリットは時短

　GIGAスクール構想により、1人1台端末が実現しました。

　これまではどこか特別感があったタブレットやパソコンが文房具の1つとして使われ始めています。

　私はデジタル教科書を使用する一番のメリットは時短だと考えています。昨今、教員の働き方改革が声高に叫ばれています。

　国際教員指導環境調査（TALIS、読みは"タリス"）と呼ばれる調査結果が2019年6月に公表されました。

　この結果を見ると日本の教員の1週間あたりの仕事時間の合計は参加国48か国中最長となっています。その反面、授業の準備にあてる時間は1週間の合計で8.5時間と1日あたり1時間ちょっとしか取れていないのが実情です。

　このような状況の中でも先生方は必死に授業をされています。ですから効率よく、効果的に指導をするためにもデジタル教科書を活用していく意味があるのではないでしょうか。

　「知識は更新しないと、経験は見直さないと」。この言葉をどこで見かけたのか覚えてはいないのですが、私が教員として大事にしている言葉です。どんなに時代が変化しても、常に自分をアップデートできる教員でありたいと思っています。

　最後になりますが、初任の頃より、著作やセミナー等で多くの学びを与えてくださった瀧沢広人先生、共に多くのセミナーでご一緒させていただき、学びの共有を図らせていただいている岩井敏行先生、そして本企画を提案、推進し、執筆の機会を与えてくださっただけでなく、執筆中にはさまざまなアドバイスや視点をくださった学陽書房編集部の河野史香様に深く感謝の気持ちをお伝えしたいと思います。ありがとうございました。すばらしい企画に携われたことに感謝いたします。

川島　満義

おわりに——「学び方を教える」ことの重要性

　瀧沢先生の先見の明にはいつも驚かされます。デジタル教科書が2024年度から本格導入されるニュースが流れるや否や、「多くの先生に役立つ内容になると思うんだけど……」と本企画へのお誘いをいただきました。

　瀧沢先生は教育界の動きに常に高いアンテナを張っておられることはもちろん、新しい動きに対する具体的な提案を、書籍という形で世に送り出してしまいます。しかも超スピードで、です。瀧沢先生の飽くなき探究心と行動力には驚嘆させられます。

　さて、本書のテーマである「デジタル教科書の活用」は、教師の働き方の改革、そして生徒自身の学び方の変革を後押しするものです。限られた時間を有効に使うこと、生徒の多様性に対応した授業を展開することの大切さは言うまでもありません。

　また、自立した学習者を育てるために、「学び方を教える」ことの重要性もどんどん増しています。本書が、教育変革の大きな渦の中で奮闘している先生方にとって、役立つ情報を提供できたら嬉しく思います。

　最後になりましたが、この場を借りて、支えてくださった方々へのお礼を伝えさせていただきます。本企画を提案し、執筆の機会を作ってくださった学陽書房編集部の河野史香様。執筆中は読者目線に立った具体的なアドバイスをいただき、助けていただきました。そして、教育実習の時からたくさんの著作を通して楽しい授業のヒントをくださり、現在も授業改善のアイデアを次々と教えてくださる瀧沢広人先生。企画へのお誘い、そしてたくさんのご助言、ありがとうございました。

　また、英語教育達人セミナーの活動等において、北関東チームの兄貴分として引っ張ってくださる川島満義先生。煌めくセンスとPCスキルは私の憧れです。これからも、よろしくお願いいたします。

　尊敬する方々と共に本を出せる喜びは、私の人生にとって大きな宝物です。このご縁をこれからも大切に、教師人生をより豊かなものにしていこうと決意を新たにしました。ありがとうございます！

岩井　敏行

著者紹介

瀧沢 広人 （たきざわ・ひろと）

1966年東京都東大和市に生まれる。埼玉大学教育学部小学校教員養成課程卒業後、埼玉県公立中学校、ベトナム日本人学校、公立小学校、教育委員会、中学校の教頭職を経て、現在、岐阜大学教育学部准教授として小・中学校の英語教育研究を行う。著書に『中学英語 実例でわかる！「主体的に学習に取り組む態度」の学習評価』（学陽書房）などがある。

川島 満義 （かわしま・みつよし）

1971年茨城県生まれ。他業種から転職で教員の道に入る。中学校の英語教師として約20年間勤務。初任の頃より、英語教育達人セミナーで学び、同セミナーで講師も行う。ジャパンライムより、「英語授業の6senses ICT活用編」（DVD）、「明日からの英語授業に活かすICT実践アイディア」（DVD）、また、ジャパンライムのオンライン講座「どこからやるのICT」を担当。パワーポイントを活用した教材作成についてレッスンを行っている。

岩井 敏行 （いわい・としゆき）

1978年栃木県生まれ。宇都宮大学教育学部を卒業後、宇都宮大学教育学部大学院修士課程を修了。その後栃木県日光市の中学教師として約20年間勤務。現在は英語専科教員として複数の小学校で英語授業を行なっている。主な著書に『小学英語を楽しく！"ひとくち英語"日めくりカード集 5年生用』『1日5分で英会話の語彙力アップ！中学生のためのすらすら英単語2000』（ともに明治図書出版）がある。

中学英語　デジタル教科書　活用授業

2023 年 8 月 9 日　初版発行

著　者　瀧沢 広人・川島 満義・岩井 敏行

発行者　佐久間重嘉

発行所　学 陽 書 房

〒 102-0072　東京都千代田区飯田橋 1-9-3
営業部／電話 03-3261-1111　FAX 03-5211-3300
編集部／電話 03-3261-1112
http://www.gakuyo.co.jp/

ブックデザイン／Boogie Design 小川光一郎
DTP 制作／越海辰夫　　印刷・製本／三省堂印刷

指導のアイデア満載！
英語授業のタブレット活用

瀧沢広人／渡部正実

A5判・160頁　定価2,090円（10%税込）

タブレットを使った英語授業の具体的な指導手順が
イラストや画像でよくわかる！

中学英語　実例でわかる！
「主体的に学習に取り組む態度」の学習評価

瀧沢広人

A5判・176頁　定価2,640円（10％税込）

「主体的に学習に取り組む態度」の具体的な評価方法がよくわかる！